校本选修课程

主 编 胡才富 吴跃梅

八年级

自读课文学习

——基于核心素养的学法点拨

西南师范大学出版社
国家一级出版社 全国百佳图书出版单位

图书在版编目(CIP)数据

自读课文学习:基于核心素养的学法点拨.八年级/胡才富,吴跃梅主编.--重庆:西南师范大学出版社,2020.9

ISBN 978-7-5697-0085-5

Ⅰ.①自… Ⅱ.①胡… ②吴… Ⅲ.①中学语文课-初中-教学参考资料 Ⅳ.①G634.303

中国版本图书馆CIP数据核字(2019)第288801号

自读课文学习——基于核心素养的学法点拨 八年级

主 编 胡才富 吴跃梅

责任编辑:张 琳
责任校对:王玉竹
装帧设计:起源
排 版:杜霖森
出版发行:西南师范大学出版社
地 址:重庆市北碚区天生路2号
印 刷:重庆市国丰印务有限责任公司
幅面尺寸:185mm×260mm
印 张:12
字 数:230千字
版 次:2020年9月第1版
印 次:2020年9月第1次印刷
书 号:ISBN 978-7-5697-0085-5

定 价:38.00元

编 委 会

序　言

自读课文基于核心素养的学法指津

自读课文是国家统编初中语文教材围绕“阅读”核心体系，区别“教读”课文而设计的，是初中语文教材构建“教读—自读—课外阅读”“三位一体”阅读教学模式的重要基础。

自读有两层含义，一是自己读，二是自主读。自读要把老师“教读”的方法转化为自己“课外阅读”的方法，有承上启下的作用。《义务教育语文新课程标准(2011年版)》要求：“养成良好的语文学习习惯，逐步掌握学习语文的基本方法。”这就是强调学法的重要性，因为不管教师讲得有多好，有多深，有多透，是不会直接提升学生学习水平的。学生只有通过自主学习，才会达到“自会读书”的境界，可见学生的学法需要教师指点津要，外因需要通过内因才能起作用。

良好的语文素养是学生学好其他学科的基础，也是学生全面发展和终身发展的基础。培养语文核心素养是语文课程的总目标，是语文实践的终极目标。语文学科核心素养是学生在积极的语言实践活动中积累与建构起来，并在真实的语言运用中表现出来的语言能力及品质；是学生在语文学习中获得语言知识与语言能力，思维方法与思维品质，情感、态度与价值观的综合体现。语文核心素养主要包括以下四个方面。

一是语言建构与运用。它是语文素养的核心层面，思维、审美、文化均以此生发。其初级阶段侧重于文字、词语、句子(含语法、标点、修辞)、文体知识和文学常识等语言知识的积累与运用；中级阶段侧重于培养信息整合、语理(语言逻辑思路)构建的能力；高级阶段侧重于培养适应各种语言环境的交流能力。其主要方法就是读，广泛阅读，积累语言，整合信息，分析思路，把握语理，培养思维能力，学会表达交流。

二是思维发展与提升。运用联想和想象，直觉体验语言和文学形象，丰富语言表达经验，运用语言规律和逻辑规则分析、判别语言，准确清晰、生动有序地表达自己的认识，有理有据地与人交流沟通，批判地审视言语作品，探究语言和文学现象，形成语言和文学认识;分析和反思自己的言语活动经验,提高语言运用的能力和思维的深刻性、灵活性、敏捷性、批判性、独创性。

三是审美鉴赏与创造。通过阅读鉴赏与语言品味形成审美体验,发展审美能力。阅读优秀作品,丰富情感体验,激发审美想象,感受思想魅力,领悟人生哲理,表现和创造美。在欣赏、鉴别和评价不同时代、不同风格的文学作品的思想情感和语言特点时,逐步形成自觉的审美意识和审美能力,生成高雅的审美情趣和审美品位。

四是文化传承与理解。传承和理解博大精深、源远流长的中华文化,继承优良传统,认同中华文化,提高道德修养,增强文化自信,以文化人,以文载道。理解、包容和借鉴不同民族、不同区域、不同国家的文化,尊重多样文化,吸收精粹文化,参与传播交流,提高文化自觉,思考和认识个人、国家、社会、自然之间的关系,树立积极的人生理想,增强使命感和责任感。

自读课文,也要讲究学法,要在老师的指导下学习自读的方法,达到自己独立自主阅读的目的。自读方法是阅读成长的拐杖,是理解路径的指南针。下面几种自读方法仅供参考学习。

初读:可以理解为粗读,即粗略地读,目的是快速了解文章大意,知晓作者观点、文章结构、行文思路等。结合旁批和阅读提示,提出疑问,标注疑难句、重点句、中心句等,初步理解文章主旨。

疑读:梳理重要疑问,找到相应的文段再阅读,寻求解答。以自学为主,圈点勾画,借助工具书消除基本障碍,并对文章的关键词语、精彩语段再次批注,再次提问,让思维活跃起来,积极思考。

研读:深研疑问的"所以然",从语体、文体等方面定点、定向、定性地研究。同学、老师互动互助,研讨自己或他人不能独立回答的问题,提出来与老师或其他同学一起思考、研究、解答。

辩读:对有不同看法的问题或达不成一致意见的结论,就开展辩论式阅读活动,让知识、智慧、观点等相互碰撞,充分论证,尽可能求得一致,要有理有据地辩,不要狡辩、乱辩。

悟读:已悟之道,辅以他人,即把自己的感悟、收获、启示等与他人进行交流。把自己解答了什么样的疑惑,得到了什么样的启发表达出来,不论好坏和优劣,只求一课一得,只要得到点拨、激励、引导就可以了。

本书以义务教育教科书(2017年版)八年级语文的16篇自读课文为例,每一节分设为四个板块。文本解要:主要说清楚课文在教材中的作用以及课文是如何体现语文核心素养的。预习路径:主要是老师为了便于教学而提供给学生学习的策略。学法指津:主要是教给大家基于核心素养培养的学习方法,是本书最大的亮点,让高深莫测的语文核心素养从文章的字里行间里走出来,站队点卯,等待检阅,一看便懂;列举了背景助读法、语言品味法、结构分析法、线索梳理法、形象塑造法、意境营造法、技巧使用法、深度挖掘法、比较分析法、知识勾连法、任务驱动法等学法,希望学生能在学法运用上融会贯通。拓展致用:主要推荐课后读物以及如何针对中考进行由易到难的训练。其中"牛刀小试、独闯天涯、剑指中考"是一组围绕学法点拨设置的训练题,观点鲜明准确,语言表达清晰,逻辑思维连贯,结构层次分明,试题由易到难,能逐渐提升学生的阅读水平。

语文学习,是一项长期而艰巨的基础工程。我们要"跳出语文课程学语文,跳出语文课本学语文,跳出时空环境学语文",其中,工具是语文学习的方法,保障是语文的学习习惯。

师傅领进门,修行在个人。方法比聪明更重要。

是为序。

胡才富 于江津

2019年6月

Contents 目录

第一章　传记类文章学法指津

第二章　游记类文章学法指津

第三章　科普类文章学法指津

第四章　散文类（古代）文章学法指津

第五章　散文类（现代）文章学法指津

参考答案

第一章

传记类文章学法指津

第一节

《列夫·托尔斯泰》及类文的学法指津

一 文本解要

(一)文本指要

《列夫·托尔斯泰》是统编教材(2017年版)语文八年级上册第二单元的课文,作者是奥地利作家茨威格,本文所在单元文章语言风格独树一帜,肖像刻画入木三分。该文精构人物形象,呈现人物灵魂,我们在学习时要关注细节描写,品味其语言风格,提升鉴赏水平。

(二)素养导航

1.语言建构与运用

茨威格的语言表现力强,善用比喻、夸张等修辞手法。比如,描写列夫·托尔斯泰多毛的面部"植被多于空地""灰白的鬈发像泡沫""热带森林般茂密的须发""犹如卷起的滔滔白浪的大胡子"等,善于比喻中略带调侃,激发了读者强烈的探求欲望:这"怪物"的精神世界又会是怎样的呢?不仅如此,为了让这位名门天才"异于常人"的粗劣长相深入读者内心,茨威格这样描述道:像是用刀胡乱劈成的树柴一样的额头;藏污纳垢,毫无光泽,像村舍外墙一样粗糙的皮肤;仿佛被人用拳头打塌了似的朝天的狮子鼻;怎么也遮不住的丑陋招风耳;凹陷的脸颊;厚厚的嘴唇。但与这略显尖锐又诙谐的语调迥然不同的是茨威格描述的托尔斯泰的双眼:这道目光就像一把锃亮的钢刀刺了过来,又稳又准,击中要害,令你无法动弹,无法躲避。将目光比作锃亮的钢刀,更能突出托尔斯泰目光犀利。在这种夸张式、漫画式描写的创造性语言中,人物从外到内、由形及神的精神风貌彰显无遗。

我们要学习茨威格描写人物的方法,用准确而奇妙、真实又夸张的修辞,描摹人物的外表,揭示人物的内心世界。看人要看形,写人要写心!

2.思维发展与提升

茨威格描写人物精雕细镂，借助看似贬损的语言尽情抒写，文字后面的内涵却显现出常人感官和情感难以达到的深邃，激励读者与文字进行思维碰撞。作者肖像描写的成功不仅让人物独特的外貌特征突出，更是架起了思维的桥梁，促使读者了解人物丰富的内心世界。本文先抑后扬，前面内容表现托尔斯泰相貌的平庸粗鄙，后面内容着力刻画他的眼睛，以赞美其高贵的精神灵魂。

思维就是在抑笔扬笔中发展，在情感的反转中受到冲击，层层蓄势，最后形成巨大的张力而得以提升。

3.审美鉴赏与创造

托尔斯泰是俄国伟大的文学家，世界有名的大文豪，且为名门贵族之后，坐拥万贯家财，名声地位煊赫，但他却长相平平。作者笔下的托尔斯泰更是面容粗鄙、身材矮小甚至丑于常人，这样描写反衬了他那双精美绝伦的眼睛，由此探寻其灵魂的高贵。作者对这位伟人的容貌客观如实地进行了描写，不仅没有让人心生厌恶，反而创造了不同于平常的艺术效果，这就是本文的一个审美鉴赏的基点。

庄子说：朴素而天下莫能与之争美。是说天下没有任何事物可以与朴素争美。朴素的文字，让托尔斯泰显赫的地位同他粗鄙的外貌形成强烈反差，我们便欣赏、理解了一种被震撼、被征服的心灵之美。

4.文化传承与理解

虽然茨威格的作品在一定程度上也受到所处时代的影响，但他没有被动沉浮于时代浪潮，没有声嘶力竭地宣扬狂热的民族主义和战争情绪，反而为“敌国”思想家托尔斯泰作传。他以诚实公正的方式对待文学创作，默默记录着保持崇高精神的托尔斯泰伟大而平凡的人生。

茨威格令人钦佩，他用力透纸背的笔塑造了灵魂深邃、思想高尚的“平凡人”——托尔斯泰，这是一种正道文化的传承，是公正看人的表现。

二 预习路径

预习时，可做旁批和评点，写下感悟、疑惑或赏析性文字；查阅托尔斯泰的生平事迹，注意他的思想的转变历程；赏析茨威格运用修辞的技巧，学习抓住细节，多角度、多层次刻画人物，表现人物内心世界的方法。

三 学法指津

(一)语言品味法

语言的味道,是品读文字所感知的。为了让读者感受托尔斯泰异于常人的、具有神秘色彩的面容,作者首先用类物式的夸张手法进行面部描写:脸膛“皱似树皮”且黑;毛发旺盛,眉毛“宽约一指”“像纠缠不清的树根”;须发则像“热带森林般茂密”,让人望而生畏。面容如此之怪,能不激发我们的好奇心和想象力吗?“浓密的胡髭之下”深藏着什么灵魂呢?其次,作者用略显粗鄙又带有调侃的语言细致刻画了托尔斯泰“乡野村夫的脸孔”,验证了“天才的灵魂自甘寓居于低矮的陋屋”,明贬实褒,更凸显了作者对托尔斯泰的虔敬之情。再次,用大量尖锐、消极的词汇描绘托尔斯泰的面部。如“笼罩着消沉的阴影”“滞留着愚钝和压抑”“没有一点儿光彩”“没法弥补”“蒙昧阴沉”“郁郁寡欢”“丑陋可憎”等,把托尔斯泰的面孔描绘成了“禁锢思想的囚牢”。这样还不够,还引用托尔斯泰自嘲的话:“像我这么个生着宽鼻子、厚嘴唇、灰色小眼睛的人,难道还能找到幸福吗?”不堪入目的贬损,是为托尔斯泰晚年的脸“显出几分慈祥可敬”,透出了些许“俊秀之光”做铺垫,凸显他那双直击灵魂的双眼。这样的语言建构,真是起到了“负负得正”的效果。

品味茨威格别具一格的语言艺术,才可掌握他写作的精彩之处,才能透过托尔斯泰粗鄙的外表,沿着他的“目光”探及其灵魂的深处。

(二)技巧运用法

本文在描写上有很多技巧值得学习借鉴。

1.特写。作者抓住脸部胡髭、眉毛、头发三个部位进行特写,三言两语即勾勒了托尔斯泰多毛的面孔:首先聚焦在遮盖面积最大的胡髭上——浓密的胡髭不仅遮盖了两颊和嘴唇,连本应该堆满皱纹的空白脸膛也不能幸免,而且作者进一步将胡髭浓密这个特点细化到了“一根根迎风飘动”的地步;接着转向毛发相对稀疏的眉毛,“像纠缠不清的树根”的眉毛竟然“朝上倒竖”,不免让人大吃一惊,且将眉毛的宽度进行放大——约一指,让人印象深刻;最后“灰白的鬈发像泡沫一样堆在额头上”,无不使得托尔斯泰异于常人的多毛面孔跃然纸上。特写,不仅表现出他想将内心世界遮挡得严严实实,而且使这位平凡人的肖像隐约具有了“天父”一样的特点。

2.比喻。为反复强调托尔斯泰“长相粗劣”的特点,文章还一针见血地指出了他的五官就像是农村木匠粗制滥造的成果——木柴额头、狮子鼻、招风耳、厚嘴唇，对脸部重点部位的刻画更是运用了不少“粗俗”的比喻——额头如木柴一般，“像是用刀胡乱劈成”，皮肤粗糙得“像用枝条扎成的村舍外墙”。这种略带调侃的比喻句使托尔斯泰扁平丑陋的五官和浓密的毛发形成很大差异，同时又有一种奇异的和谐感——仿佛粗鄙的人就应该是这种异于常人的长相。

3.落差。茨威格将托尔斯泰面孔滞留着愚钝压抑与陀思妥耶夫斯基眉宇间的非凡器宇放在一起，人们想象中貌似“天父”的美髯公肖像与实际中长相平平的“小矮人”肖像形成的巨大落差，让人更易理解“天才的灵魂自甘寓居于低矮的陋屋”的深刻内涵——托尔斯泰这样的文学泰斗以平凡的外表和敏锐的观察力与人民同呼吸、共命运。

四 拓展致用

课后阅读茨威格《三作家》中描写托尔斯泰的其他章节，阅读其他作家撰写的托尔斯泰传记，感受不同作家笔下托尔斯泰的异同，以丰富并加深对托尔斯泰的认识。

(一)牛刀小试

阅读下面的文章，完成后面的训练。

司汤达(节选)

[奥地利]茨威格

暮色苍茫，黎塞留街的小阁楼里。写字台上点着两支蜡烛，从中午开始司汤达就在写他的长篇小说。现在他突然扔下了笔：今天就到这儿了！现在要休息一下，出去走走，好好地吃一顿饭，去参加聚会，快活地谈天说地，与女人周旋，凑凑热闹！

他开始做准备，穿上外衣，理正了假发，又赶快照了照镜子！他仔细端详了一下自己，立刻嘲讽地撇了撇嘴：不，他对自己并不满意。这是一张多么不雅、多么粗俗的哈巴狗似的面孔，略圆，红红的，肥胖市民阶级的面孔，那个宽大的鼻子多么像讨厌的短粗块茎镶嵌在这张外省人的脸上！那双眼睛谈不上令人讨厌，虽然很小，黑黑的，闪闪有光，充满不安的好奇的神情，但它们在阴沉的方额头的两道浓眉下面却显得太深太小。在这张脸上还有什么是好的呢？司汤达气恼地端详着自己。没有什么是好的，没有什么是柔和的，没有内心充满生气的线条，一切都是笨重的、粗俗的，最丑恶的资产阶级的庸人相。这个镶在棕色胡须框里的球形脑袋说不定算得上这个令人讨厌的身躯上最好的部分。因为下巴往下一动，脖子便显得太短，压出一个小肿块，下巴再低一些，他简直连看都不敢看了，因为他恨透了他那蠢笨的、极不相称的大肚皮，那长得太短的难看的腿。这两条腿如此吃力地支撑着亨利·贝尔沉重的身子，以致他的同学总是把他叫作“能移动的塔”。司汤达还在镜子里寻找某种安慰。充其量也就是这双手，是的，它们算得上是一种安慰，这手像女人的手似的细嫩，因为有那些磨得很光滑的长指甲而显得颇有弹性，从这里透着些许才智和高贵。还有这皮肤，是少女般敏感的、柔软的皮肤，它温情脉脉地显露出少许上流社会的特质，给人以高雅的印象。但是谁会在意这个男人身上的一些微不足道的女人特征呢？女人只问面貌和身材，根据五十年的经验他知道，女人都是不可救药的粗俗。奥古斯丁·费龙称他的这副嘴脸为裱糊匠的脑袋，蒙塞莱特则说他是一名“长着药剂师面孔的外交家”；但即使是这样的评定似乎对他也太友好了，因为司汤达现在恼怒地凝视那面没有怜悯心的镜子，自我断定：一张意大利屠夫的脸。

但他这个肥胖的笨重的身体，至少是粗野的，有男子气概的！——确实也有这样的女人，她们钟情于有宽阔肩膀的男人，在她们眼中，一个哥萨克人往往比一个花花公子更体贴人。不过，他知道，用下流的话来说，这种粗壮的农夫身形，他身上的这种血液旺盛的红色只是样子货，是肉体的一种假象。在这个巨人的身体里面闪烁和颤动着一个微妙的甚至病态的敏感性的神经束，所有的医生都像注视一个“敏感的怪物”似的惊讶地注视着他。而这样一个蝴蝶灵魂——说来罪恶！——竟被嵌入如此肥厚的肉体里：想必是某种梦魇在摇篮里更换了肉体和灵魂，因为在它粗糙的外壳里面，每当激动时那病态的超等敏感的灵魂都要不停地打寒战。看见邻室有一扇开着的窗户，剧烈的颤抖便爬过他脉络交错的皮肤；一扇门自动关上了，于是神经立刻在粗野的撕扯中抽搐起来；嗅到一种难闻的气味，于是他感觉有些头晕；在一个女人的身旁，他会心乱如麻，谨小慎微，或者相反，变得粗暴，不讲礼貌。这种矛盾的心理真是难以理解！干吗长了这么多肉，长了一个大肚皮？长了这么些粗笨的赶车人的骨头，内心却有如此精细和脆弱的感情？干吗有这样一个没有吸引力的、粗笨的身体，里边却是一个如此复杂、如此敏感的灵魂？

司汤达转过身来，不再照镜子，外形的不可救药，这一点他从青年时代就知道了。在这方面，就连魔术大师似的裁缝也帮不了什么忙，尽管这位裁缝给他的马甲下面加了一件紧身胸衣，巧妙地从上面压住大肚皮，还给他做了里昂丝的出色的长仅及膝的裤子，以便掩盖那可笑的短腿。染色剂虽然能使那早已花白的络腮胡子变成更具男人特质的棕色，但也无济于事，时兴的假发虽然能护住秃顶，但也无能为力。镶金边的领事馆工作人员制服和精细磨光、闪着微光的手指甲同样帮不了他。这些器具和小手法只起到少许虚饰和装扮的作用，它们能掩盖肥胖和衰老，但是，在林荫大道上，还是没有一个女人转身瞧他一眼，什么时候也没有一个女人像德·雷纳尔夫人朝他的于连，或者像德·夏斯特莱夫人朝他的吕西安·娄凡那样深情地看过他。不，她们从来都没有注意到他，身为年轻的少尉时没有人注意过，到了现在，他的灵魂已深藏在一身肥肉里，年龄已在他额头上刻上皱纹了，还是没有人注意到他。过去了，好时光都在嬉戏中虚度了！一个人长了这么一张脸，是不会走桃花运的，从来没有例外！

这样，就只剩下一个办法了，那就是要聪明，机智，有吸引力，招人喜欢，把人们的注意力从脸上转到他的内心，靠令人惊异的言谈举止吸引人和诱惑人！

“有才能遮三分丑”，在必要时才可以代替美。一个人其貌不扬，便不得不靠才智打动女人，因为他不能从美的方面使她们见了动心。在多愁善感的女人面前要装出忧伤的样子，在轻薄的女人中要显得玩世不恭，有时要正好相反，保持警觉，总是显得才华横溢。“把一个女人逗乐，你就会得到她。”如果人家冷淡，你就机敏地抓住每一个弱点装出热情的样子；如果人家满腔热情，你就冷若冰霜，变着法儿使人惊诧，耍耍手腕使人心慌意乱，永远表现得与众不同。首先是不要错过机会，不要害怕失败，因为女人有时会忘却一个男人的脸，就连提坦尼亚也在一个奇妙的夏夜亲吻过一个丑陋的蠢人。

司汤达戴上那顶时兴的帽子，拿起那副黄色的手套，对着镜子试演了一个冷嘲热讽的微笑。好，今天晚上他就这样出现在德·T夫人家里，要摆出嘲弄、讥讽、玩世不恭和冷冰冰的样子：这恰好可以使人惊异，使人感兴趣，使人迷惑，这正好可以用闪光的假面具一样的言词掩盖他丑陋的外形。只是要使人大为惊愕，要做到一出现就把注意力吸引到自己身上来，这是把内心的沮丧隐藏在大言不惭的吹嘘背后的最好的方法。当他走下楼梯时，他便虚构出一个人声鼎沸的前厅：仆人将通报商人恺撒·邦贝特先生到达，然后他才走进来，装作喋喋不休、高谈阔论的羊毛商人，不让别人说话，夸夸其谈地讲述他编造出来的生意情况，直到他撩拨起人们的好奇心，女人们习惯了他的面孔为止。然后再用一连串有趣的感人的轶事趣闻使她们感到轻松愉快，一个昏暗的角落成功地把他的体形罩在阴影里，喝上一两杯潘趣酒，也许，也许到了午夜，女人们会发现他很迷人呢。

（有改动）

学法指引

我们在学习这篇散文时，可以从人物的描摹手法进行品析。

1. 特写。镜头定格在最容易关注的“面孔”上，茨威格只罗列了几个简单的词汇——略圆，红红的，一张普通得不能再普通的“肥胖市民阶级的面孔”；然后定格鼻子——一定是嵌入面孔之中的，“宽大”且很突兀，看上去并不协调；接着是“眼睛”小，配上那“方额头”就显得太深太小；后面依次写了有个性化特点的其他部位——棕色胡须、短脖子、大肚皮等。所有的镜头叠在一起，就形成了“笨重的、粗俗的，最丑恶的资产阶级的庸人相”。

2. 比喻。文中的比喻很特殊。一张极其普通的肥胖市民阶级的面孔本来是不容易让人印象深刻的，但作者巧用漫画式的比喻，冠之“哈巴狗”一般的面孔，虽然普通的肥胖市民阶级的面孔与哈巴狗的面孔并无直接相连贯通之处，但巧就巧妙在，这样的两张面孔有特质的共通之处，这样来写司汤达的面孔突然就指向明确了，辨识度同时也增强了，让人们极易在人群中发现此人；形容宽大的鼻子像“讨厌的短粗块茎镶嵌在”面孔上，如此生动的比喻让人对司汤达的长相有了深刻感知。文中的比喻修辞手法，形象生动，为读者描摹出了司汤达那副丑陋甚至可笑的面孔。

3. 引用。引用奥古斯丁·费龙的话“裱糊匠的脑袋”，引用蒙塞莱特说他“长着药剂师面孔的外交家”的话，都是在临摹司汤达外在的形象；司汤达的同学把他叫作“能移动的塔”，司汤达在镜子面前凝视自我的时候也断定自己长着“一张意大利屠夫的脸”，引用使文章更真实可信。

1.下列对文本相关内容和艺术特色的分析鉴赏,不正确的一项是(　)。

A.第二段描写司汤达外貌时既有漫画式的比喻,又兼有镜头特写

B.选文通过引用几位名家和司汤达同学的话再一次印证了司汤达相貌的不堪

C.选文中司汤达的一副庸人相中隐藏着和托尔斯泰一样伟大的灵魂

D.茨威格的描摹语言力透纸背,呈现了一个滑稽丑陋的司汤达形象

2.赏析下面句子的语言表达效果。

这是一张多么不雅、多么粗俗的哈巴狗似的面孔,略圆,红红的,肥胖市民阶级的面孔,那个宽大的鼻子多么像讨厌的短粗块茎镶嵌在这张外省人的脸上!

3.选文中作者描摹人物的写作手法富有特色,请结合文章第二段内容写出你的见解。

(二)独闯天涯

阅读下面的文章,完成后面的训练。

贝多芬传(节选)

[法]罗曼·罗兰

他短小臃肿,外表结实,生就运动家般的骨骼。一张土红色的宽大的脸,到晚年才皮肤变得病态而黄黄的,尤其是冬天,当他关在室内远离田野的时候。额角隆起,宽广无比。乌黑的头发,异乎寻常的浓密,好似梳子从未在上面光临过,到处逆立,赛似"梅杜萨头上的乱蛇"。眼中燃烧着一股奇异的威力,使所有见到他的人为之震慑;但大多数人不能分辨它们微妙的差别。因为在褐色而悲壮的脸上,这双眼睛射出一道犷野的光,所以大家总以为是黑的;其实却是灰蓝的。平时又细小又深陷,兴奋或愤怒时才大张起来,在眼眶中旋转,那才奇妙地反映出它们真正的思想。他往往用忧郁的目光向天凝视。宽大的鼻子又短又方,竟是狮子的相貌。一张细腻的嘴巴,但下唇常有比上唇前突的倾向。牙床结实得厉害,似乎可以磕破核桃。左边的下巴有一个深陷的小窝,使他的脸显得古怪地不对称。据莫舍勒斯说:"他的微笑是很美的,谈话之间有一副往往可爱而令人高兴的神气。但另一方面,他的笑却是不愉快的,粗野的,难看的,并且为时很短。"——那是一个不惯于欢乐的人的笑。他通常的表情是忧郁的,显示出"一种

无可疗治的哀伤”。1825年，雷斯塔伯说看见“他温柔的眼睛及其剧烈的痛苦”时，他需要竭尽全力才能止住眼泪。一年以后，布劳恩·冯·布劳恩塔尔在一家酒店里遇见他，坐在一隅抽着一支长烟斗，闭着眼睛，那是他临死以前与日俱增的习惯。一个朋友向他说话。他悲哀地微笑，从袋里掏出一本小小的谈话手册；然后用着聋子惯有的尖锐的声音，教人家把要说的话写下来。他的脸色时常变化，或是在钢琴上被人无意中撞见的时候，或是突然有所感应的时候，有时甚至在街上，使路人大为出惊。“脸上的肌肉突然隆起，血管膨胀；犷野的眼睛变得加倍可怕，嘴巴发抖，仿佛一个魔术家召来了妖魔而反被妖魔制服一般”，那是莎士比亚式的面目。尤利乌斯·贝内迪克特说他无异“李尔王”。

路德维希·凡·贝多芬，1770年12月16日生于科隆附近的波恩，一所破旧屋子的阁楼上。他的出身是佛兰芒族。父亲是一个不聪明而酗酒的男高音歌手。母亲是女仆，一个厨子的女儿，初嫁男仆，夫死再嫁贝多芬的父亲。

艰苦的童年，不像莫扎特般享受过家庭的温情。一开始，人生于他就显得是一场悲惨而残暴的斗争。父亲想开拓他的音乐天分，把他当作神童一般炫耀。四岁时，他就被整天地钉在洋琴前面，或和一架提琴一起关在家里，几乎被繁重的工作压死。他的不致永远厌恶这艺术总算是万幸的了。父亲不得不用暴力来迫使贝多芬学习。他少年时代就得操心经济问题，打算如何挣取每日的面包，那是来得过早的重任。十一岁，他加入戏院乐队；十三岁，他当大风琴手。1787年，他丧失了他热爱的母亲。“她对我那么仁慈，那么值得爱戴，我的最好的朋友!噢!当我能叫出母亲这甜蜜的名字而她能听见的时候，谁又比我更幸福?”她是因肺病死的，贝多芬自以为也染着同样的病症，他已常常感到痛楚，再加比病魔更残酷的忧郁。十七岁，他做了一家之主，负着两个兄弟的教育之责；他不得不羞惭地要求父亲退休，因为他酗酒，不能主持门户：人家恐怕他浪费，把养老俸交给儿子收领。这些可悲的事实在他心上留下了深刻的创痕。他在波恩的一个家庭里找到了一个亲切的依傍，便是他终身珍视的布罗伊宁一家。可爱的埃莱奥诺雷·特·布罗伊宁比他小两岁。他教她音乐，领她走上诗歌的路。她是他的童年伴侣，也许他们之间曾有相当温柔的情绪。后来埃莱奥诺雷嫁给了韦格勒医生，他也成为贝多芬的知己之一；直到最后，他们之间一直保持着恬静的友谊，那是从韦格勒、埃莱奥诺雷和贝多芬彼此的书信中可以看到的。当三个人到了老年的时候，情爱格外动人，而心灵的年轻却又不减当年。

贝多芬的童年尽管如是悲惨，他对这个时代和消磨这时代的地方，永远保持着一种温柔而凄凉的回忆。不得不离开波恩，几乎终身都住在轻佻的都城维也纳及其惨淡的近郊，他却从没忘记莱茵河畔的故乡、庄严的父性的大河，像他所称的"我们的父亲莱茵"；的确，它是那样的生动，几乎赋有人性似的，仿佛一颗巨大的灵魂，无数的思想与力量在其中流过；而且莱茵流域中也没有一个地方比细腻的波恩更美、更雄壮、更温柔的了。它的浓阴密布、鲜花满地的坂坡，受着河流的冲击与抚爱。在此，贝多芬消磨了他最初的二十年；在此，形成了他少年心中的梦境——慵懒地拂着水面的草原上，雾氛笼罩着的白杨，丛密的矮树、细柳和果树，把根须浸在静寂而湍急的水流里——还有村落、教堂、墓园，懒洋洋地睁着好奇的眼睛俯视两岸——远远里，蓝色的七峰在天空画出严峻的侧影，上面矗立着废弃的古堡，显出一些瘦削而古怪的轮廓。他的心对于这个乡土是永久忠诚的，直到生命的终了，他老是想再见故园一面而不能如愿。"我的家乡，我出生的美丽的地方，在我眼前始终是那样的美，那样的明亮，和我离开它时毫无两样。"

（有改动）

1. 下列对文本相关内容和艺术特色的分析鉴赏，不正确的一项是(　　)。

A. 罗曼·罗兰的文学作品都趋向于写实，是对主人公真实生活的写照，笔调尖锐、冷静

B. 文中对贝多芬肖像的描摹更多采用了正面描写和侧面描写的表现手法

C. 悲惨的童年让贝多芬历练出了一颗坚韧的心，但他心中同样也有可触碰的柔软细腻

D. 罗曼·罗兰刻画的贝多芬形象具有漫画式、夸张式和写实式的特征

2. 罗曼·罗兰描摹的贝多芬肖像有什么特点？是从哪些方面展现出来的？

3. 文中哪些肖像描写主要体现了贝多芬叛逆的艺术家气质？请简要阐述。

名师点拨

罗曼·罗兰的传记文学作品趋向于写实，是对主人公真实生活的写照，笔调尖锐、冷静。比如，本篇文章开篇用一大段文字描摹贝多芬肖像，总体就是身材臃肿又有点儿结实的红脸小个子男士。这样的外表似乎平淡无奇，真正让读者感知到这就是贝多芬其人的在于作者对他额角、头发、眼睛、鼻子、嘴唇、牙齿、脸上肌肉的细致描写。贝多芬额头

宽广无比但额角又奇异隆起；头发明明乌黑、浓密却又到处逆立，赛似“梅杜萨头上的乱蛇”；眼睛就更奇特了，平时看上去“又细小又深陷”而且时常会用忧郁的目光凝视天空，兴奋或愤怒时却能大张起来，甚至燃烧出一股奇异的威力，让所见之人都为之震慑；鼻子又短又方，像狮子一般；嘴巴看似正常又有点儿“地包天”般的丑态——下唇常有比上唇前突的倾向；牙齿大概是他最正常的部位了，结实得像是能磕破核桃；脸上的肌肉在受到刺激时会因血管膨胀而突然隆起。就像贝多芬的外貌总会透露出古怪信息一样，他的微笑、脸色、神情也处处透露出其性格的矛盾、忧郁，如同罗曼·罗兰所转述的那样，贝多芬的微笑是很美的，但又是阴晴不定——总能在很短的时间内变得粗野、不愉快甚至是难看；表情更是满含哀伤；他的脸色也是时常变化让人难以捉摸，伴随而来的是眼睛会变得可怕至极。正如罗曼·罗兰写到的无异“李尔王”，这样的深刻描写，使贝多芬狂乱躁动，不屈服于命运、生活的人物形象与极富抗争精神的悲剧英雄性格紧密结合，变得鲜活而真实。

（三）剑指中考

阅读前面的《贝多芬传（节选）》，回答后面的问题。（14分）

1. 下列对文本相关内容和艺术特色的分析鉴赏，不正确的一项是（　）。（3分）

A. 作者运用白描手法，描画出了贝多芬强悍有力、躁动不宁、令人震惊的艺术家形象，同时还细致真实地展现了贝多芬桀骜不驯的雄狮般的性格和与生活、命运抗争的悲壮精神

B. 贝多芬的童年经历了一场悲惨而残暴的斗争，苦难自始至终充斥着他童年的时光

C. 作家描画贝多芬肖像是通过静态和动态相结合的方式完成的

D. “慵懒地拂着水面的草原上，雾氛笼罩着的白杨，丛密的矮树、细柳和果树，把根须浸在静寂而湍急的水流里……”这梦境似的画面印刻的是贝多芬对于出生地的眷恋

2. 赏析下面句子的语言表达效果。（5分）

“脸上的肌肉突然隆起，血管膨胀；犷野的眼睛变得加倍可怕，嘴巴发抖，仿佛一个魔术家召来了妖魔而反被妖魔制服一般”，那是莎士比亚式的面目。

3. 请根据选文中贝多芬的生命历程简要分析他的性格特征，并联系现实生活谈谈你从中得到的启示。（6分）

第二节

《美丽的颜色》及类文的学法指津

一 文本解要

(一)文本指要

《美丽的颜色》是统编教材(2017年版)语文八年级上册第二单元的课文,作者是法国的艾芙·居里。本文所在单元的文章强调:人物传记内容要真实、事件要典型,学习刻画人物的方法。该文讲述了居里夫妇在极端困苦条件下提取镭的过程,让我们在感受科学研究艰辛的同时,也领略了居里夫人坚韧、乐观、淡泊的人格魅力。

(二)素养导航

1.语言建构与运用

人物传记讲究真实性和文学性。文中的时间、地点、人物、事件等必须是准确的,引用的资料要可靠,以保证传记的真实性。《美丽的颜色》通过大量直接引用居里夫人的书信、日记等可靠资料,补充了历史细节,展现出传记的主人公(后统称传主)的心理感受,增强了文章的真实性。居里夫妇在娄蒙路的棚屋里进行的科学研究"既艰辛又漫长",作者直接引用居里夫人的话,生动地描绘了他们工作、生活状况的动人细节,让居里夫人的心理感受自然流露。她对科学研究抱有的极大热情、时刻保持专注的精神令人动容。读者追寻着这些细腻的笔触,定能真切地触摸她内心那份"艰苦而且微妙的快乐"。

《美丽的颜色》一文在表达上善用对比手法。居里夫人是卓越的科学家,镭元素的提取成功是其伟大的注脚,成就可喜。作者不表其功,却先写娄蒙路棚屋的简陋,不同季节、天气下工作环境的恶劣一一铺陈展开,环境糟糕。居里夫妇正是在这"最简陋的布景"却有"实验室的真正气氛"的环境中进行了大量科学研究。在这悲与喜的对比、"艰苦"与"微妙的快乐"并存中让读者更贴近传主的内心。

2. 思维发展与提升

文章通过巧妙的联想与想象，调用特写镜头再现了居里夫妇发现镭的场景，塑造了居里夫人坚韧、乐观，对科学研究饱含热情的形象。优秀的传记渴求饱满而富有张力的文学形象，藉之感染读者，然传记内容与传记作者之间往往横亘着时空隔阂，导致传记作者错失了很多富有意味的细节。优秀的传记作者懂得合理运用联想与想象，以填补事实的空隙，力求生动传神地表现人物。

阅读、鉴赏传记作品应追寻作者运用联想与想象的步调，全情进入情景，同时借助自己的联想与想象实现与作者的共鸣，进而培养自己对现实生活和文学形象的感受力与理解力。

3. 审美鉴赏与创造

《美丽的颜色》通过聚焦一个个居里夫人发现镭的特写镜头，表现了她坚定、刚毅、充满热情、有远大追求的科学家形象。居里夫人这一形象内涵丰富、具有启发性，是美的。

这里的美超越了女性的美丽形貌，它更是拥抱远大信念与执着追求的“骨气”。居里夫人是一位形象气质俱佳的女性，从各科研机构悬挂的肖像和资料照片里我们还能目睹她昔日的绰约风姿。居里夫人身上更有着超越美丽形貌的“美”——对科学研究不竭的热情、对发现创造不辍的追求。

美——“没有被盛名宠坏”的淡泊情怀。爱因斯坦说：“在所有的世界著名人物当中，玛丽·居里是唯一没有被盛名宠坏的人。”她是第一位两获诺贝尔奖的女性，一生荣誉无数，是久负盛名的人物。然而她视名利如粪土，将别人梦寐以求的奖章送给六岁的女儿当玩具。因此，我们读《美丽的颜色》，要读出居里夫人丰盈而崇高的人格之美。

4. 文化传承与理解

居里夫人，一位重新定义“女性”与“科学”关系的伟大女性。

居里夫人的科研成长之路也是一部女性科学家对世俗传统偏见的抗争史。20世纪初，传统社会里女性是科学研究的“边缘人”，居里夫人在艰难的环境中用自己的光辉成就改写了这一“传统”。居里夫人在科学研究路上受到了太多的偏见：她没有机会进入法兰西科学院；自己的实验室在丈夫死后要多方申请才能重新获得……居里夫人勇敢抗争：以自己的卓越才华和勤勉努力迎向命运的不公与时代的偏见，它打破了科学研究与女性“绝缘”的状态。不被时代偏见束缚、敢于反抗、勇于成就自我的居里夫人令人景仰。

二 预习路径

预习应以略读为主，做到读准字音、标注段序、圈点勾画、批注评语，结合阅读提示进行思考。同时也应查阅资料，把握居里夫人的人生经历和所处时代的特征。精读文中直接引用的语句，反复阅读，涵泳品味，把握传主形象。

三 学法指津

1.背景助读法

了解作者生平、传主事迹及其所处时代的特征，知人论世，能帮助读者深刻理解传记的内容，把握人物命运与时代变迁交织变化的脉络，深刻感悟传主形象的丰富性、启发性，将阅读引向深入。

居里夫人（1867—1934），法国物理学家、化学家，原籍波兰。她是第一位荣获诺贝尔奖的女性。居里夫人在科学领域成就斐然：发现钋和镭，发明分离放射性同位素技术，开创放射性理论，她制作了X光机并投入医用。居里夫人将自己的青春乃至生命都献给了她钟爱的科学事业，她在科学和医学上达到的成就是同辈科学家难以比肩的。

居里夫人作为女性科学家对世俗偏见的抗争精神和淡泊名利的崇高人格让人敬仰。艾芙·居里这样赞誉自己的母亲："作为一个人，她能从容牺牲、奉献所有而一无所取……她拥有一颗无论处于成功或逆境都不改变的、异乎寻常的圣洁灵魂。"

2.形象塑造法

本文主要通过具有内心独白性质的"日记式"语言和对话语言来刻画人物形象。

运用"典型环境塑造典型人物"是人物传记偏爱的技法。居里夫人进行科学研究的条件恶劣、工作艰辛，只需如实记录，就具有"典型环境"的特征。作者极言"娄蒙路的棚屋"夏天燥热如温室、下霜或下雨时的严酷、炼制沥青铀矿条件的简陋，这些都是对典型环境的描述。在"环境之悲"的烘托下，居里夫人内心的"科研之喜"愈发灼然。

文章大量引用居里夫人具有内心独白性质的"日记式"语言。"感谢这种意外的发现，在这个时期里，我们完全被那展开在我们面前的新领域吸引住了。"这是沉浸于科学研究的快乐，居里夫人将此称为"一种独特的专心景况"，这样的时光"像是在梦里一样"。这样的语言淋漓尽致地展现了居里夫人进行研究时情意饱满的状态，极具感染力。

通过对话语言来展现发现镭时的动人场景。作者发挥联想与想象，生动传神地记录了居里夫妇发现镭那个夜晚的典型语言和典型动作。对话语言给人身临其境的真实感，仿佛亲眼见证了那个激动的时刻。如此饱满丰沛的艺术感染力，源于作者细致入微的描摹，尤其是居里夫妇的语言，让这个画面充满生气。这一部分适宜精读，慢慢咀嚼，领会其精微。

四 拓展致用

课后认真阅读《居里夫人传》，深化对传记语言特点的感知和居里夫人形象的理解，感悟人物精神。

（一）牛刀小试

阅读下面的文章，完成后面的训练。

永恒的瞬间①

[奥地利] 茨威格

经过十八天艰苦卓绝的行军，最大的困难似乎已经被克服了；山脊已在他们面前升起，据印第安人向导说，站在山峰上就能望见大西洋和当时尚未为人所知、尚未命名的太平洋这两个大洋。然而恰恰在此时，在顽强而诡谲的大自然似乎已被制服了的时候，新的敌人——当地一个印第安部落的酋长率领数百名武士迎面挡住了外来者的去路。同印第安人作战，巴尔博亚是饶有经验了。只要来一次火枪齐射就万事大吉了，人造的雷鸣闪电就将又一次证明他拥有制服土著人的魔力。惊慌失措的印第安人喊叫着逃命不迭，西班牙人和狼狗紧追不舍。但是，像一切西班牙占领者一样，巴尔博亚并不满足于轻易取得的胜利，他的骇人听闻的残暴玷污了他的名誉。他让一大批被捆绑者、无力自卫的俘虏活活被一群饥饿的狼狗撕碎和咬吃，以取代观看斗牛和古罗马斗士格斗的娱乐。巴尔博亚名垂千古之日的前一天夜晚，一场令人恶心的大屠杀玷污了他的名声。

这些西班牙占领者的性格和行事方式是一种难以解释的独特的混合物。他们以基督徒才有的虔诚和信仰狂热地、发自内心地祈求上帝，同时又以上帝的名义干出历史上最卑鄙无耻的非人道的勾当。他们的胆识、献身精神和承受艰险磨难的能力，可以取得最壮丽的英雄业绩；同时他们又无耻至极地尔虞我诈、互相争斗，而在他们卑鄙的态度中又有一种明显的荣誉感和对于他们的历史使命

①节选自《不朽的逃亡者》。

的伟大意义所具有的奇妙的、真正令人赞叹的意识。

……

巴尔博亚立即下达命令去攀登那座山峰。上午十时许他们已接近顶峰。只要再爬上一个光秃秃的圆形小山的山顶，就可极目远眺茫无涯际的海天了。就在这一刻，巴尔博亚下令停止前进。他不让任何人跟在他后面，因为他不愿和任何人分享第一次看见这未知的大洋的殊荣。他要自己一个人，永远就他自己一个人，成为横渡我们这个宇宙的浩瀚的大西洋之后又看见另一个未知的大洋——太平洋的第一个西班牙人，第一个欧洲人，第一个基督徒。他深刻感受到这一瞬间的历史意义，心怦怦直跳，左手举旗，右手提剑，缓缓登山，广阔无垠的周遭只有他一个孤单的身影。他不慌不忙地慢慢走上山来，因为真正的事业已经完成。只要再走几步，越来越少的几步，便大功告成。的确，他刚登上峰顶，眼前便展现一派非凡的景色。郁郁葱葱的森林覆盖着的渐次低缓下去的山峦和丘陵后面，是一望无际、波光粼粼的万顷碧波，这就是那个新的海洋，未知的海洋，迄今只有人梦想过而不曾有人见到的、哥伦布和他的所有后继者们年复一年徒然寻找的神奇的大洋，它的波涛拍打着美洲、印度和中国的海岸。巴尔博亚望了又望，自豪而幸福地意识到，自己是第一个把大洋无尽的碧波尽收眼底的欧洲人。

巴尔博亚欣喜若狂地久久凝望远方。之后，他呼唤伙伴们上来分享他的喜悦和骄傲。他们不安地、激动地、气喘吁吁地爬山，奔上山顶，兴奋的目光惊奇地凝视着。突然，随队同行的神甫安德列斯·德·巴拉唱起了感恩诗，喧哗和叫喊立刻停止了，这群士兵、冒险家和匪徒生硬的粗嗓门汇合成为虔诚的合唱。印第安人惊讶地看到，他们听神甫说一句话便砍倒一棵树，用它做了一个十字架，在上面刻下西班牙国王名字的第一个大写花体字母。十字架竖立起来了，看上去仿佛它张开两只木头臂膀要拥抱大西洋和太平洋这两个大洋和大洋后面所有眼不可见的远方似的。

庄严肃穆中巴尔博亚站了出来，他神色庄重地举起旗子向四面八方迎风挥动，表示这风所吹到的远方，他一概要为西班牙去占领。接着，他叫安德列斯·德·巴尔德拉瓦诺草拟了一份文件，把这庄严的一幕永远记录下来。安德列斯·德·巴尔德拉瓦诺展开一张羊皮纸，他先前把它和墨盒、鹅毛笔一起密封在一个木匣子里面背着走过原始森林，这时他要求所有贵族、骑士和士兵——这些品德高尚、诚实正直的人们——证实他们在“卓越而备受敬重的队长、国王陛下的总督巴斯科·努涅斯·巴尔博亚发现南海时全都在场”，证实“是这位巴斯科·努涅斯先生第一个看见了这片海洋，并指给追随在他身后的人看”。

（有改动）

学法指引

本文选自斯蒂芬·茨威格名作《人类的群星闪耀时》，讲述了探险家巴尔博亚带领小队历经艰苦跋涉后，成为横渡浩瀚大西洋后又看见另一个未知的大洋的“第一个人”的故事。细读文本可从以下角度切入。

作者妙用联想与想象，填补事实的空隙，调用细致的笔触传神地表现人物。“突然，随队同行的神甫安德列斯·德·巴拉唱起了感恩诗，喧哗和叫喊立刻停止了，这群士兵、冒险家和匪徒生硬的粗嗓门汇合成为虔诚的合唱。”“突然”“立刻”，表示这一切转变的迅速。“这群士兵、冒险家和匪徒”，他们的身份认同矛盾又复杂，却不妨碍通过“虔诚的合唱”来表达见证英雄业绩时内心的崇高感，令人肃然起敬。

作者在文中穿插了不少评述性的语言，它是深入理解人物形象的“钥匙”。“他们以基督徒才有的虔诚和信仰狂热地、发自内心地祈求上帝，同时又以上帝的名义干出历史上最卑鄙无耻的非人道的勾当。”作者通过精辟的评述性语言，将这群逃亡者、探险家集崇高与卑鄙、纯洁与下流、创造与毁灭于一身的特点表现得入木三分，展现出了复杂、真实和立体的人物形象。

1. 下列对文章理解和分析有误的一项是（　）。

A. 标题“永恒的瞬间”的意思是指巴尔博亚横渡大西洋后看见太平洋的瞬间

B. 作者运用联想与想象，还原了巴尔博亚一行冒险之旅的诸多细节，生动地展现了征途的艰险和探险者们的无畏精神，增强了文章的文学性

C.“第一个西班牙人，第一个欧洲人，第一个基督徒”，运用排比，突出了巴尔博亚取得的伟大成就

D. 冲突中印第安土著民尽管人数占优，但在技术领先的殖民者面前不堪一击，可以看出作者对印第安人持讽刺的态度

2.“巴尔博亚名垂千古之日的前一天夜晚，一场令人恶心的大屠杀玷污了他的名声。”这里的“名垂千古”和“恶心的大屠杀”是否矛盾？为什么？

3.结合文章内容，分析巴尔博亚的形象。

（二）独闯天涯

阅读下面的文章，完成后面的训练。

苏东坡传（节选）

林语堂

在苏东坡兄弟年二十岁左右，已经准备好去赶考之时，不可避免的事，婚姻问题也就来临了。

……

苏东坡年十八岁时，娶了王弗小姐。王弗小姐那时十五岁，家住在青神，在眉山镇南约十五里，靠近河边。次年弟弟子由成家，年十六岁，妻子比他小两岁。当然算是早婚，但是并不足为奇。在根本道理上看，早婚，当然并不一定像苏氏兄弟那么早，在选择与吸引合意的配偶时，可以省去青年人好多时间的浪费和感情的纷扰。在父母看来，年轻人若能把爱情婚姻早日解决，不妨碍正事，那最好。在中国，父母自然应当养儿媳妇，年轻的男女无须乎晚婚。

次子子由成婚之后，父子三人启程赴京……在仁宗嘉祐元年（1056）五月，三苏到了汴梁城，寄宿于僧庙，等待秋季的考试……父子三人在京都盘桓，在城内游览，参加社交活动，与社会知名人士结交。苏洵将著作向德高望重的欧阳修呈上。欧阳修一副和蔼可亲的样子，两耳长而特别白皙，上唇稍短，大笑时稍露牙龈。欧阳修，看来并非美男子，但是一见这位文坛盟主而获得他的恩宠，却足以使天下士子一慰其梦寐之望。欧阳修之深获学术界敬爱，是由于他总是以求才育才为己任。

……

殿试的日子到了。皇帝任命欧阳修为主试官。

……，

苏氏兄弟都以优等得中。苏东坡的文章，后来欧阳修传给同辈观看，激赏数日。那篇文章论的是为政的宽与简，这正是苏东坡基本的政治哲学。不过，不幸有一个误会。欧阳修对此文章的内容与风格之美十分激赏，以为必然是他的朋友曾巩写的。为了避免招人批评，他把本来列为首卷的这篇文章，改列为二卷，结果苏东坡那次考试是名列第二。在仁宗嘉祐二年(1057)四月八日，苏东坡考中，在四月十四日，他那时才二十岁，成为进士，在三百八十八人之中几乎名列榜首。得到此项荣誉，于是以全国第一流的学者知名于天下。

苏东坡这个才气纵横的青年，这次引用历史事例，却失之疏忽，而且在试卷上杜撰了几句对话。他发挥文意时说，在赏忠之时，宁失之宽厚；在罚罪之时，当恻然有哀怜之心，以免无辜而受戮。他写道："当尧之时，皋陶为士，将杀人。皋陶曰杀之三。尧曰宥之三。"这几句对白读来蛮好，显示贤君亦肯用不肖，使之有一展长才之日，这种史实颇可证实明主贤君用人之道。判官梅圣俞阅卷至此，对尧与皋陶有关此事之对白，不敢公然提出查问，因为一经提出，即表示自己对年久湮没的古籍未曾读过。苏东坡因此才得以混过。考试过去之后，梅圣俞一天问苏东坡："可是，尧和皋陶这段话见于何书？我一时想不起在何处读过。"

苏东坡这位年轻学者承认说："是我所杜撰。"

梅圣俞这位前辈宿儒大惊："你所杜撰！"

东坡回答说："帝尧之圣德，此言亦意料中事耳。"

……

欧阳修为当时文学权威，一字之褒，一字之贬，即足以关乎一学人之荣辱成败。当年一个作家曾说，当时学者不知刑罚之可畏，不知晋升之可喜，生不足欢，死不足惧，但怕欧阳修的意见。试想一想，欧阳修一天向同僚说的话，那该有何等的力量啊！他说："读苏东坡来信，不知为何，我竟喜极汗下。老夫当退让此人，使之出人头地。"这种话由欧阳修口中说出，全京都人人都知道了。据说欧阳修一天对儿子说："记着我的话。三十年后，无人再谈论老夫。"他的话果然应验，因为苏东坡死后的十年之内，果然无人再谈论欧阳修，大家都谈论苏东坡。他的著作在遭朝廷禁阅之时，有人还暗中偷读呢。

苏东坡的宦途正要开始，母亲病故……苏洵在祭妻文里说：我知母心，非官是好，要以文称……有蟠其丘，惟子之坟……凿为二室，期与子同……自子之逝，内失良朋。我归旧庐，无有改移。魂兮未泯，不日来归。

（有改动）

1. 下列对文章内容理解有误一项是(　　)。

A.“生不足欢,死不足惧,但怕欧阳修的意见”从侧面表现了欧阳修作为文学权威有巨大影响力

B.殿试中,苏东坡杜撰“尧和皋陶”的典故,并借此蒙混过关。此纯属作弊取巧,完全不可取

C.“有蟠其丘,惟子之坟……凿为二室,期与子同”表达了苏洵与妻子“生同衾,死同穴”的愿望,可见其伉俪情深

D.用现代社会的眼光看,苏轼兄弟皆早婚。作者认为,在当时特定的时代背景下早婚也有一定的合理性

2. 从苏东坡和梅圣俞关于“尧和皋陶”的对话中,你读出了苏东坡的哪些品质特征?

3. 为避免招人批评,欧阳修把本应列为首卷的文章改列为二卷,致使苏轼与第一名失之交臂。结合文章内容谈谈你是否认同欧阳修“避嫌”的做法。

名师点拨

杜撰“尧和皋陶”的典故,苏轼认为“帝尧之圣德,此言亦意料中事耳”,为“意料之中”“合乎情理”的想象,是创造性思维的体现。从描写角度看塑造人物的方法大致可分为正面描写和侧面烘托。引用时人的话是为了衬托苏轼的才华,鉴于欧阳修在当时文坛、政坛的崇高地位,对比衬托的表达效果自然更突出。“避嫌”是传统文化的产物,我们要能知人论世,把握其背景和语境,用历史文化的思维去理解它。同时,立足当下,用现代思维理性审视传统文化,批判继承。拥有双重视角,我们将获得独立思考的契机,创生出自己的思想。

(三)剑指中考

阅读《永恒的瞬间》,回答问题。(13分)

1.“就在这一刻,巴尔博亚下令停止前进。”距胜利一步之遥,巴尔博亚为什么做出了让队伍停止前进的决定?(4分)

2. 请从刻画人物形象的角度赏析下列句子。(4分)

他深刻感受到这一瞬间的历史意义,心怦怦直跳,左手举旗,右手提剑,缓缓登山,广阔无垠的周遭只有他一个孤单的身影。他不慌不忙地慢慢走上山来,因为真正的事业已经完成。

3. 茨威格曾说:“一个人最大的幸福莫过于在人生的中途、富有创造力的壮年,就发现了此生的使命。”结合选文内容谈谈巴尔博亚的人生经历给了你怎样的启示。(5分)

第三节

《周亚夫军细柳》及类文的学法指津

一 文本解要

(一)文本指要

《周亚夫军细柳》是统编教材(2017年版)语文八年级上册第六单元的课文,作者是司马迁。本文所在单元的文章写人叙事技巧灵活,语言简练具有表现力,人物形象鲜活。该文通过正面与侧面描写、对比和衬托的手法来刻画人物形象,诵读时体会文言之美,人物形象之美,提升文学鉴赏水平。

(二)素养导航

1.语言建构与运用

本文的作者司马迁非常注重语言的张力,行文惜墨如金又处处锤炼语言,其目的是彰显人物品格和文章主旨意趣。比如课文第一句"匈奴大入边",作者没有细说侵入边境的匈奴有多少军马,从哪几条线路侵入,仅用了"大入边"三个字,读来让人顿觉黑云压城,尘土漫天,一派紧张气氛。再如实词、虚词的使用:"亚夫乃传言开壁门"中的"乃"字表现出周亚夫军纪严明、刚正不阿、不趋炎附势的良将风范。通观本文,作者用简练而富有表现力的语言写三位将军的防地,以霸上、棘门军陪衬细柳军,对比映衬,使周亚夫的形象更加突出,跃然纸上。结尾借汉文帝之口发出议论,仍以霸上、棘门军作陪衬,前后呼应,显得自然而章法严整。

学习本文,就要学习这种用凝练而富有表现力的语言来突出人物性格特点、彰显人物精神品质的方法。言简义丰,韵味无穷。

2.思维发展与提升

本文学习的重点是能正确把握周亚夫的形象。文末,汉文帝用"此真将军矣"来评价周亚夫。“真”,文眼也。如何理解周亚夫将军的“真”?其表现有哪些?这两个问题对于正确把握人物形象尤为重要。文章只有一句正面描写周亚夫即“介胄之士不拜,请以军礼见”,但又处处从侧面描写周亚夫,恰当使用对比、衬托手法,将军之“真”得到了巧妙的体现。我们细读全文,不难读出周亚夫是一个治军严明、恪尽职守、刚正不阿、不卑不亢的良将。文章由具体到概括,又以一字观照全文,“言”“文”自然结合,体现了由具体到概括、由演绎到归纳的逻辑思维。

在平时的阅读中,也要注意捕捉文中的关键信息,理清文章内在的逻辑顺序。在写作前,也要注意建构文章的内在逻辑顺序,使文章条理清晰,章法严整。

3.审美鉴赏与创造

作者司马迁作文惜字如金、精雕细琢,在记叙故事时,不仅注意大处的处理,情节紧张紧凑、精彩连连,而且极讲究遣词用字,把每一个字锤炼得恰到好处,从而使文章在文言的乐感美、人物的形象美等方面显出了极强的力度。从句式的角度看,省略某些成分使句子更加紧凑,采用短句使故事氛围紧张,诵读起来朗朗上口,富有乐感美。从用词的角度看,精妙用词不仅能突出人物品格,塑造人物形象,而且能使文章情节波澜起伏,扣人心弦。如“居无何,上至,又不得入。于是上乃使使持节诏将军”中的“于是”就留给学生想象汉文帝在彼时情境下该是何种情状、神态的空间,无形中还延长了故事的时间。

我们可将鉴赏本文作为基础,再拓展到对《史记》中其他人物形象的鉴赏。同时,在日常的写作训练中,要注重句式的变换和遣词用字,塑造人物的形象美,追求文章的乐感美。

4.文化传承与理解

司马迁着力刻画出了一位治军严明、恪尽职守、刚正不阿、不卑不亢的良将形象。所谓“君子直言直行,不婉言而取富,不屈行而取位”,这句话高度概括了周亚夫的精神品质。而周亚夫的这种精神品质,并不只在周亚夫身上闪烁,也并不是只闪烁在周亚夫所处的西汉,而是闪烁在古今无数的人臣将士身上,更闪烁在中国几千年的历史长河和传统文化中。《周亚夫军细柳》正是对我国千百年来为人、为臣立身处世而恪尽职守、刚正不阿、不阿谀奉承、不趋炎附势的优秀品质的彰显。学习本文,就应该深刻领悟并传承这种精神品质。本文中有不少词都与古代礼仪有关,如“持节”“揖”“拜”“改容式车”等,涉及古代文化常识,我们应该牢牢掌握。

我们通过学习《周亚夫军细柳》,可加深对司马迁及其作品的了解,激发阅读《史记》的兴趣,增强文化自信,提高文化实力和文化担当意识,提升文化素养。

二 预习路径

1. 熟读课文并标注出停顿、重音等，揣摩人物的语气语调，读出文章营造的紧张严肃的气氛。

2. 疏通文义，圈点出有疑惑的词句，勾画、品味文中的精彩词句并做好旁批。

3. 试着完成课后“思考探究”习题，分析文章的写作手法，初步感知人物形象。

三 学法指津

（一）提纲挈领法

全文共三段。阅读时要概括每段的主要内容，概括时要选用文中具有概括性的词语，建议可用“谁+做什么事+结果怎么样”或“什么人+什么时候+什么地方+做什么”的句式作答。

第1段呈现事件背景。匈奴大举侵入边境，汉王朝的边境地区处于战备状态，这为“真将军”的出场交代社会背景。

第2段叙述汉文帝劳军的情况。汉文帝到霸上、棘门劳军，所遇情形与在细柳劳军截然不同。该段作者运用高超的写人叙事技巧，使“真将军”形象生动、鲜活。

第3段是事件尾声，主要表现劳军结束后皇帝和群臣的不同反应。在前两段的铺垫衬托下，“群臣皆惊”，皇帝则发出由衷的赞叹，“真将军”形象跃然纸上。

（二）技巧使用法

本文在写作上最大的特点就是写人叙事技巧高超灵活，即采用正面描写、侧面描写、对比和衬托的手法来刻画人物形象，彰显人物品格。同时，精妙的用词、多变的句式点染文章，点亮人物。

1. 善用对比。课文题目是“周亚夫军细柳”，但并未一来就描写周亚夫，而是先描写了汉文帝在霸上、棘门劳军的情况——汉文帝入时能“直驰入”，离时“将以下骑送迎”，其作用是为后文描写汉文帝在细柳营遇到的情况——“居无何，上至，又不得入”“于是天子乃按辔徐行”等作铺垫并形成多处对比。对比突出了细柳军戒备森严、军纪严明，烘托出周亚夫治军有方、严明。

2. 正面描写与侧面描写相结合。全文只有一个句子正面描写了周亚夫，即“将军亚夫持兵揖曰：‘介胄之士不拜，请以军礼见’”。表现出周亚夫面对君主时的刚正不阿、恪尽职守、不卑不亢的良将形象。同时，作者通过侧面描写，描写与周亚夫相关的细柳军的军容军纪，侧面衬托出周亚夫治军有方、治军严明、令出如山。

3.精妙用词。司马迁在遣词用字方面也独具匠心。例如，锤炼动词。汉文帝与周亚夫之间本是君臣关系，周亚夫见到了汉文帝理应行“拜”(拜，行礼者必须屈膝跪地，左手按右手，支撑在地上，然后缓缓叩首到地)礼。但是，从“将军亚夫持兵揖曰”一句中，一个“揖”字，就传神地表现出周亚夫刚正不阿的性格特点。再例如，妙用虚词。“又不得入”中，一个“又”字，表明“不得入”的情况已是第二次，君臣矛盾已显露出来，在群臣看来，这是周亚夫傲慢无礼、折损天子威严的表现，但也正是这个“又”字，更显示出周亚夫军纪严明、令出如山的风范。

4.变换句式。不同的句式会产生不同的表达效果。如疑问句、设问句吸引读者；否定句、反问句能加强语气；排比句能增强语势，使语言更具有表现力等。课文首段中，三个“以……为……”的句子构成排比句式，营造出敌军压境、战事吃紧、军情紧张的气氛。不过，和前句相比，在“祝兹侯徐厉为将军，军棘门”一句中，作者司马迁有意接前省(省略了“以”字)，朗读时节奏就显得紧凑，也显示出军情紧急。“军士吏被甲，锐兵刃，彀弓弩，持满”一句中，四个短句就是四个特写镜头，即军中官兵都穿戴盔甲，刀出鞘，张开弓弩并把弓拉满。全文有整体描写又有局部特写，朗读起来给人干净利落、紧凑紧张之感，更体现出细柳军严阵以待的情形。

四 拓展致用

《史记》中写到的将军有很多，如孙武、吴起、霍去病等，人物个性鲜明，写法各具特色。可选读其中两位的传记片段，并与“真将军”周亚夫相比，激发兴趣，开阔视野，提升文言文的阅读能力和鉴赏能力。

(一)牛刀小试

阅读下面的文章，完成后面的训练。

史记·绛侯周勃世家(节选)

条侯亚夫自未侯为河内守时，许负相之，曰：“君后三岁而侯。侯八岁为将相，持国秉，贵重矣，于人臣无两。其后九岁而君饿死。”亚夫笑曰：“臣之兄已代父侯矣，有如卒，子当代，亚夫何说侯乎？然既已贵如负言，又何说饿死？指示我。”许负指其口曰：“有从理入口，此饿死法也。”居三岁，其兄绛侯胜之有罪，孝文帝择绛侯子贤者，皆推亚夫，乃封亚夫为条侯，续绛侯后。

……

孝文且崩时，诫太子曰：“即有缓急，周亚夫真可任将兵。”文帝崩，拜亚夫为车骑将军。

孝景三年，吴、楚反。亚夫以中尉为太尉，东击吴、楚。因自请上曰：“楚兵剽轻，难与争锋。愿以梁委之，绝其粮道，乃可制。”上许之。

太尉既会兵荥阳，吴方攻梁，梁急，请救。太尉引兵东北走昌邑，深壁而守。梁日使使请太尉，太尉守便宜，不肯往。梁上书言景帝，景帝使使诏救梁。太尉不奉诏，坚壁不出，而使轻骑兵弓高侯等绝吴、楚兵后食道。吴兵乏粮，饥，数欲挑战，终不出。……吴兵既饿，乃引而去。太尉出精兵追击，大破之。吴王濞弃其军，而与壮士数千人亡走，保于江南丹徒。汉兵因乘胜，遂尽虏之，降其兵，购吴王千金。月余，越人斩吴王头以告。凡相攻守三月，而吴、楚破平。于是诸将乃以太尉计谋为是。由此梁孝王与太尉有郤。

归，复置太尉官。五岁，迁为丞相，景帝甚重之。景帝废栗太子，丞相固争之，不得。景帝由此疏之。而梁孝王每朝，常与太后言条侯之短。

窦太后曰：“皇后兄王信可侯也。”景帝让曰：“始南皮、章武侯先帝不侯，及臣即位乃侯之。信未得封也。”窦太后曰：“人主各以时行耳。自窦长君在时，竟不得侯，死后乃其子彭祖顾得侯。吾甚恨之。帝趣侯信也！”景帝曰：“请得与丞相议之。”丞相议之，亚夫曰：“高皇帝约‘非刘氏不得王，非有功不得侯。不如约，天下共击之’。今信虽皇后兄，无功，侯之，非约也。”景帝默然而止。

其后匈奴王徐卢等五人降，景帝欲侯之以劝后。丞相亚夫曰：“彼背其主降陛下，陛下侯之，则何以责人臣不守节者乎？”景帝曰：“丞相议不可用。”乃悉封徐卢等为列侯。亚夫因谢病。景帝中三年，以病免相。

……

居无何，条侯子为父买工官尚方甲楯五百被可以葬者。取庸苦之，不予钱。庸知其盗买县官器，怒而上变告子，事连污条侯。书既闻上，上下吏。吏簿责条侯，条侯不对。景帝骂之曰：“吾不用也。”召诣廷尉。廷尉责曰：“君侯欲反邪？”亚夫曰：“臣所买器，乃葬器也，何谓反邪？”吏曰：“君侯纵不反地上，即欲反地下耳。”吏侵之益急。初，吏捕条侯，条侯欲自杀，夫人止之，以故不得死，遂入廷尉。因不食五日，呕血而死。国除。

……

太史公曰：绛侯周勃始为布衣时，鄙朴人也，才能不过凡庸。及从高祖定天下，在将相位，诸吕欲作乱，勃匡国家难，复之乎正。虽伊尹、周公，何以加哉！亚夫之用兵，持威重，执坚刃，穰苴曷有加焉！足己而不学，守节不逊，终以穷困。悲夫！

学法指引

学习这篇文章，可采用提纲挈领法概括文章的主要内容，重点采用技巧使用法分析人物的性格品质，知晓人物的命运变化。

首先，初读文章，概括段落的大意，了解文章的主要内容。第1段，许负给周亚夫相面，预言其命运的变化和结局。第2—8段，周亚夫先后得到汉文帝、汉景帝的重用，官至丞相，位高权重；后与汉景帝争执是否废黜栗太子，是否封王信为侯等，汉景帝对周亚夫心有不悦，产生隔阂。最后，周亚夫被儿子牵连获罪下狱，以绝食示节操而死。此部分于起伏跌宕的情节中重点刻画人物形象，突出人物性格，暗示人物命运多变且悲。第9段，太史公言简意赅地评价了周亚夫的一生。

其次，品味词句，分析句式，感知人物形象。文中多处运用否定句、反问句，有助于突出人物性格，塑造人物形象。如运用否定句，“太尉不肯往”“太尉不奉诏，坚壁不出”“终不出”等加强语气，突出周亚夫“不逊”而恪尽职守、刚正不阿的优秀品质以及杰出的军事才能。

1. 第2段中，句子“孝文且崩时，诫太子曰：‘即有缓急，周亚夫真可任将兵。’”是对周亚夫的什么描写，有何作用？

2. 品味第4段中的加点词“不肯往”“不奉诏”“不出”，说说这表现出周亚夫怎样的性格品质。

3. 第7段中的反问句“彼背其主降陛下，陛下侯之，则何以责人臣不守节者乎？”有何表达效果？

(二)独闯天涯

阅读下面的文章,完成后面的训练。

史记·孔子世家(节选)

孔子迁于蔡三岁,吴伐陈。楚救陈,军于城父。闻孔子在陈、蔡之间,楚使人聘孔子。孔子将往拜礼,陈、蔡大夫谋曰:“孔子贤者,所刺讥皆中诸侯之疾。今者久留陈、蔡之间,诸大夫所设行皆非仲尼之意。今楚,大国也,来聘孔子。孔子用于楚,则陈、蔡用事大夫危矣。”于是乃相与发徒役围孔子于野。不得行,绝粮。从者病,莫能兴。孔子讲诵弦歌不衰,子路愠见曰:“君子亦有穷乎?”孔子曰:“君子固穷,小人穷斯滥矣。”

子贡色作。孔子曰:“赐,尔以予为多学而识之者与?”曰:“然。非与①?”孔子曰:“非也。予一以贯之②。”

孔子知弟子有愠心,乃召子路而问曰:“《诗》云:‘匪兕③匪虎,率④彼旷野。’吾道非邪?吾何为于此?”子路曰:“意者吾未仁邪!人之不我信也。意者吾未知邪!人之不我行也。”孔子曰:“有是乎!由,譬使仁者而必信,安有伯夷、叔齐?使知者而必行,安有王子比干?”

子路出,子贡入见。孔子曰:“赐,《诗》云:‘匪兕匪虎,率彼旷野。’吾道非邪?吾何为于此?”子贡曰:“夫子之道至大也,故天下莫能容夫子。夫子盖少贬焉?”孔子曰:“赐,良农能稼而不能为穑⑤,良工能巧而不能为顺。君子能修其道,纲而纪之,统而理之,而不能为容。今尔不修尔道而求为容。赐,而志不远矣!”

子贡出,颜回入见。孔子曰:“回,《诗》云:‘匪兕匪虎,率彼旷野。’吾道非邪?吾何为于此?”颜回曰:“夫子之道至大,故天下莫能容。虽然,夫子推而行之,不容何病,不容然后见君子!夫道之不修也,是吾丑⑥也;夫道既已大修而不用,是有国者之丑也。不容何病?不容然后见君子!”孔子欣然而笑曰:“有是哉,颜氏之子!使尔多财,吾为尔宰⑦。”

于是使子贡至楚。楚昭王兴师迎孔子,然后得免。

[注释]①非与:难道不是吗?②一以贯之:做人坚守一个根本的原则。③兕:犀牛一类的动物。一说是雌犀。④率:行走。⑤穑:收庄稼。⑥丑:耻辱。⑦宰:家臣,总管。

1.将下列句子译成现代汉语。

(1)孔子贤者,所刺讥皆中诸侯之疾。

(2)夫道既已大修而不用,是有国者之丑也。

2.子路、子贡和颜回对于孔子的提问“吾道非邪?吾何为于此?”回答有所不同,不同之处在哪里?请联系全文分析。

3.联系全文思考“君子固穷,小人穷斯滥矣”这句话体现了孔子怎样的人格品质。

名师点拨

学习这篇文章,我们首先可以采用提纲挈领法来了解文章的主要内容,再采用技巧使用法,抓住文中的关键句(尤其是孔子与弟子们的对话)来分析孔子这个人物形象。

文章主要讲述了楚国聘请孔子,孔子应邀前往的故事。陈国、蔡国的大臣们认为楚国任用孔子对两国不利,就联合发动一些服劳役的人在野外围困孔子。孔子及其弟子的粮食吃完了,弟子们也病了,孔子却讲习、诵经、弹琴、唱歌不绝。接着,孔子提出“‘匪兕匪虎,率彼旷野’。吾道非耶?吾何为于此?”并与弟子们展开论述。子路认为是自身不够仁德、不够聪明,所以人们不信任他们,不放他们通行。子贡认为因老师的学说太广阔崇高,所以各国都不能容纳老师。他建议老师应稍稍降低一点儿标准。颜回则认为,虽然老师的学说极其广阔崇高,以致天下各国都不能容纳老师,但是老师还是应该努力推广和实践自己的学说,不被容纳有什么坏处,正是不被容纳,然后才显示出其君子的本色。不创立和完善思想体系,才是我们的耻辱。孔子对颜回的回答感到很满意、高兴。

(三)剑指中考

阅读“牛刀小试”部分的文章,完成后面的问题。(15分)

1.解释下列加点的词语。(4分)

(1)拜亚夫为车骑将军(　)　　(2)梁日使使请太尉(　)

(3)及臣即位乃侯之(　)　　(4)指示我(　)

2.将下列句子译成现代汉语。(4分)

(1)五岁,迁为丞相,景帝甚重之。

(2)彼背其主降陛下,陛下侯之,则何以责人臣不守节者乎?

3.用简洁的语言概括出第5—8段中记叙周亚夫与汉景帝渐生矛盾的四件事,并说说这四件事表现出了周亚夫怎样的人格品质。(3分)

4.第3段中,句子"楚兵剽轻,难与争锋。愿以梁委之,绝其粮道,乃可制"是对周亚夫哪方面进行描写?有何作用?(4分)

第二章

游记类文章学法指津

第一节

《与朱元思书》及类文的学法指津

一 文本解要

（一）文本指要

《与朱元思书》是统编教材（2017年版）语文八年级上册第三单元的课文，作者是南朝梁国的吴均。本文所在单元的文章是古代歌咏自然山水的诗文，意在书自然之美，寄怀于山水。该文语言清新，景色如绘，学习时要积累常见的文言字词，要在反复诵读中学习描写景物的方法，感受寄托于山川风物中的情思。

（二）素养导航

1.语言构建与运用

该文是骈体文，句式四六字相间，多由四字句组成，讲究对仗。比如"泉水激石，泠泠作响；好鸟相鸣，嘤嘤成韵"句中，"泉水"与"好鸟"名词相对，"激"与"鸣"动词相对，"泠泠"与"嘤嘤"叠音词相对，读起来朗朗上口，生趣盎然。作者在选词炼字上功底非凡，颇具特点。如写"异水"时用"缥碧"一词，"缥"本有两层意思：一是指青白色的丝织品，二是指颜色，青白色、淡青色；"碧"原指青绿色玉石，后来多指青绿色。在文中两字都表示颜色，是青白色的意思，两字组合在一起，让人除了看到有水色的明净清澈外，更感知到了水温润如美玉的质感。又如写"奇山"用一个"寒"字，足可联想到山高林密，让人心生寒凉之意。文中还有"竞上""轩邈""争高""直指""成峰"等一连串动词，用比拟手法让本来静止的群山有了动感；让本无生命的群山有了无穷的争胜之心，凸显出无限生机，仿佛要脱离人间，直上天空。

本文抓住景物突出特征进行描写，描写时调动了多种感官，运用比喻、拟人等修辞手法和动静结合等技巧，均值得学习。反复诵读本文，感受清新淡雅的诗性美。

2. 思维发展与提升

本文是作者写给友人朱元思的一封书信，不能只将其当作山水小品文来欣赏。作者用小品文的形式来写信，究竟是想向朋友表达什么呢？只有梳理清楚作者行文的思维，才能弄清其写作目的。文章开篇“风烟俱净，天山共色”呈现的是清澈明净、苍茫一色的空灵景象。王国维曾经说，一切境界无不为诗人设；世无诗人，即无此种境界。因此，开篇之景实则是表现诗人心中澄澈明净之境界。富春江上，天地一片明净苍茫，因此才有了“从流飘荡，任意东西”的逍遥自在。正是这种随性洒脱的心境，才可见“天下独绝”的“奇山”和“异水”，那些萦绕心头的烦恼，俗世的纷扰，都在欣赏如诗如画的景物过程中得到了排遣。最后，作者才情不自禁地发出“鸢飞戾天者，望峰息心；经纶世务者，窥谷忘反”的感慨。全文好似自述心志，传递避世退隐，享受美景的愿望；又好似劝勉友人，放下冗杂的公务，同去欣赏大自然的美丽风景。

“一切景语皆情语”，在景与情的交融中，思维能得到发展与提升；在景与情的思维碰撞中，思维广度能得到拓宽。阅读时应紧紧围绕自然之景，才能悟透景中之情。

3. 审美鉴赏与创造

吴均笔下和心中的山水是“天下独绝”的。置“奇山、异水”于明净空阔、和谐一体的天地中，富春江上，美得纯粹自然；绘明朗多姿的百里山水画卷，有“泉水激石”而“泠泠作响”；“好鸟相鸣”而“嘤嘤成韵”；蝉千转不穷，猿百叫无绝。水流声、鸟鸣声、蝉叫声、猿啼声，看似喧闹嘈杂，实则是和谐美妙；纯净声音源于自然本性，没有逢迎拍马，没有争权夺利，这都能让人感受自然生命的欢乐。作者用澄澈空明的心境看待山水世事，便有了自然的情韵美，悠闲自在的人生美。这些均源于作者内心的纯粹美。

生活喧嚣而忙碌，在紧张的学习之余，我们也应像作者一样，走进自然山川，做一个纯粹的欣赏者，让山水美景荡涤心灵的尘埃，使灵魂高雅脱俗，生活惬意美好！

4. 文化传承与理解

吴均是南朝著名的文学家、史学家，博学多才。因家世寒贱，而当时又极为重视门第，故备受轻视；又因撰写《齐春秋》，得罪梁武帝而遭焚书罢官之惩处。他曾为自己的前途而奋力拼搏，但因生于那样的时代，他的一切努力终究付诸东流。这种际遇与六朝盛行的佛道思想高度切合，寄情于明丽山水，寻找心灵归宿，留恋自然文化，劝勉那些执着于官场的人，放弃对名利的追逐，展现了古代雅士的人生观和价值观。

吴均生不逢时而生归隐之情，但他欣赏纯粹的山水，放弃追逐名利的高洁志趣，是值得我们传承与发扬的优秀品质。

二 预习路径

预习要借鉴学习《三峡》和《答谢中书书》的经验，关注“阅读提示”，借助注释和工具书，积累常见的文言词汇，反复诵读，感知内容大意；查阅作者生平，体悟他寄寓于富春江美丽景色中的情怀。

三 学法指津

（一）技巧运用法

学习本文，要把握其结构清晰、层次分明、视角多样的特点。本文是结构清晰。“风烟俱净，天山共色”先从大处着笔、远处着眼，极目远眺，天空烟气消散，远处山峦与天相接，因视角模糊，而显得朦胧美好，把富春山水置于高爽明净、天山同色的整体背景中。再分层描写富春江的山水：一是眼中山水“天下独绝”，俯视江水空明，游鱼沙石在目，清晰澄澈；仰望青山，“千百成峰”，表现了山势雄伟；二是对山之奇、水之异的细腻描摹，“水皆缥碧，千丈见底。游鱼细石，直视无碍”。随着视觉的不断变换，景物的远近位置也清晰地显示了出来，给人直观真实的空间感受。除了视觉看到的景致外，还从听觉的角度，对山间泉流、鸟鸣、蝉叫、猿啼进行描绘，奏响了一支和谐美妙的交响曲。

学习本文，要掌握灵活运用修辞，虚实动静相衬的技法。本文写景采用了多种修辞手法，让笔下的景物更具体形象。以夸张、比喻的手法，写出猛浪狂奔的气势：“急湍甚箭，猛浪若奔”，突出了江水的动态之美；采用比拟手法写群山，赋予群山勃勃生机，生动地表现了两岸崇山的雄奇壮美；用“缥碧”表现富春江水的清澈透明，还用“千丈见底”夸张地展现透明的程度，于是“游鱼细石，直视无碍”，连水中往来的游鱼和细小的沙石，都能看得一清二楚，侧面描写进一步烘托了江水的清澈。同时，还运用以声衬静的手法，衬托山林的寂静。“横柯上蔽，在昼犹昏；疏条交映，有时见日”，光线随枝条的疏密而或明或暗，用光影的变化为富春江山水增加了奇色异彩，让本来静止的群山，有了动感，以动写静；为突出群山的勃勃生机，更是铺排了一连串动词“竞上”“轩邈”“争高”“直指”，感觉座座青山凭借高峻的地势，都竞相往上走，争着向高处远处伸展，仿佛直入云霄。正是多种写景技巧的灵活运用，为我们描绘了如此充满生机活力的精美画卷，值得细细品味。

（二）知识勾连法

学习本文，要联系已学过的《三峡》和《答谢中书书》等山水小品文的阅读技巧和知识。如诵读时，就联系骈体文、小品文的诵读技巧，句式四字句，多用“二二式”整齐节拍，朗朗上口；诵读“自三峡七百里中”“自康乐以来”等句时，知道“自”这个领起词后应有短暂的拖音，再读“自富阳至桐庐一百许里”这句时，如是仿效即可；积累文言实词和虚词，注意前后联系，知识勾连，就不会死记硬背，枯燥乏味。如“猛浪若奔”中的“奔”，在文中没有注释，但《三峡》中“虽乘奔御风”中的“奔”，注解为“飞奔的马”，是动词作名词的语言现象，通过比较，发现“奔”都出现在了宾语的位置上，于是文中的“奔”也应作“飞奔的马”讲。进而可总结出：当动词出现在宾语的位置时，一般就活用为名词。

本文为精美的山水小品文，阅读理解时就可联系前几篇小品文中景物描写的技法。如动静结合，正面描写与侧面描写相结合，运用仰视、俯瞰、平视等多角度，调动多种感官，以及比喻、夸张等多种修辞手法的运用。联系这些技法就能帮助我们更深刻地体会吴均笔下富春江山水的奇异，也有助于熟练掌握写景的方法。

四 拓展致用

课后阅读“吴均三书”中的另外两篇描写山水的名篇《与顾章书》和《与施从事书》，可进一步体悟吴均山水小品文的景与情相结合的妙处。以下用《与顾章书》小试牛刀。

（一）牛刀小试

阅读下面的文言文，完成后面的训练。

与顾章书

〔南朝·梁〕吴　均

仆去月[①]谢病，还觅薜萝[②]。

梅溪[③]之西，有石门山者。森壁争霞，孤峰限日，幽岫[④]含云，深溪蓄翠。蝉吟鹤唳，水响猿啼，英英[⑤]相杂，绵绵成韵。既素重幽居，遂葺宇其上。幸富菊花，偏饶竹实[⑥]，山谷所资，于斯已办。仁智所乐[⑦]，岂徒语哉！

[注释]①去月：上月　②薜萝(bì luó)：薜荔与女萝。屈原《楚辞·九歌·山鬼》：“若有人兮山之阿，被薜荔兮带女萝。”后世遂以“薜萝”称隐士的服装。③梅溪：山名。在吴均的家乡故鄣(今浙江安吉)。　④幽岫(xiù)：幽深的山穴。⑤英英：形容声音悠闲和谐动听。　⑥竹实：隐士的食物。　⑦仁智所乐：佳山秀水为仁人智者所喜爱。《论语·雍也》：“知者乐水，仁者乐山。”

学法指引

《与顾章书》是山水小品佳作，描写了故乡石门山清幽秀美的风景，写景手法与情感表达和《与朱元思书》相似，文风清新，句式多用骈偶，与散句结合，读起来不呆板繁复，世称“吴均体”。

赏读本文也应反复诵读，从多角度赏析景物描写，体悟作者蕴含的思想感情。这篇文章分为两层，第一层以叙事开篇，叙述自己辞官归隐之事。从“谢病”“觅”中可见作者托病辞官，寻求远离尘世，暗示了作者厌倦官场风波，想要隐居山林的急切心情。第二层作者用细腻的笔墨描写了故乡山水的清幽秀美。环境云烟缥缈，绿水荡漾，昭示着生命的闲适自在，也展现了生命最原始的活力与热情。

本文采用了多种景物描写技巧，如动静结合，视觉与听觉多感观的调动，比喻、拟人、对偶、夸张等多种修辞手法的运用。同时，作者抓住景物的突出特征描写景物，如用“森壁”“孤峰”“幽岫”“深溪”描写了山林幽静的特点。“蝉吟”“鹤唳”“水响”“猿啼”交织在一起，看似热闹喧嚣，实则是作者以声写静，也是为了烘托出山林的幽静。这个清幽之所依然不乏自然生命的活力，“争霞”“限日”“含云”“蓄翠”一连串动词的运用，动静相衬，描写出峭壁与云霞争高的壮美，孤峰高耸阻挡太阳，一个“翠”字更是写出了深谷中草木之盛，蕴含着无限生机。像“素重幽居”这样幽静自在的地方，自然是最理想的居所，因此“葺宇其上”，再加上“幸富菊花，偏饶竹实”，就象征了隐士高洁的品质。菊花、竹米本是寻常之物，吴均却深感庆幸喜悦，从侧面表现出作者的高雅脱俗。“仁智所乐，岂徒语哉！”一句，典出《论语·雍也》。作者以“仁智”者自比，更加表现其高洁的志趣。

1.解释下列加点的词语。

(1)蝉吟鹤唳(　　)　　(2)深溪蓄翠(　　)

(3)于斯已办(　　)　　(4)岂徒语哉(　　)

2.用现代汉语翻译下面的句子。

既素重幽居，遂葺宇其上。

3.下面对文章内容分析理解不准确的一项是(　　)。

A.“仆去月谢病，还觅薜萝”以叙事开篇，交代了辞官归隐一事。“谢病”“觅”表明他托病辞官，可见他对官场的极度失望

B.“森壁争霞，孤峰限日，幽岫含云，深溪蓄翠”运用拟人、对偶的修辞手法，描绘了山高谷翠、壮丽秀美的自然景色，表现了作者对山水的热爱

C.“幸富菊花，偏饶竹实”表明石门山菊花、竹米很多。菊花、竹米既可观赏，也可食用，是隐士钟爱之物，因此这是吴均选择在这里归隐的最主要原因

D.“蝉吟鹤唳，水响猿啼”一句，蝉声、鹤鸣、泉水声、猿啼混杂在一起，看似热闹非凡，实则运用以声衬静的手法，反衬了石门山的幽静

4.石门山环境清幽，景色宜人，看到这样的景致，作者发出“仁者所乐，岂徒语哉”的感慨，含蓄地表达了作者____________________的高雅志趣。

(二)独闯天涯

阅读下面的文言文，完成后面的训练。

山中与裴迪秀才书(节选)

〔唐〕王　维

夜登华子冈①，辋水②沦涟，与月上下。寒山远火，明灭林外。深巷寒犬，吠声如豹。村墟夜舂③，复与疏钟相间。此时独坐，僮仆静默④。多思曩昔⑤，携手赋诗，步仄径，临清流也。

当待春中，草木蔓发，春山可望，轻鲦⑥出水，白鸥矫翼⑦，露湿青皋⑧，麦陇朝雊⑨：斯之不远，傥⑩能从我游乎？非子天机清妙⑪者，岂能以此不急之务相邀？然是中有深趣矣！

[注释]①华子冈：王维辋川别业中的一处胜景。②辋(wǎng)水：地名，辋川，在陕西蓝田县南。③村墟夜舂：村子里传来晚上用臼杵捣谷(的声音)。舂，这里指捣米，即把谷物放在石臼里捣去外壳。④静默：指已入睡。⑤曩(nǎng)昔：过往。⑥轻鲦(tiáo)：鱼名，身体狭长，游动轻捷。⑦矫翼：张开翅膀。⑧青皋(gāo)：青草地。皋：水边的高地。⑨朝雊(gòu)：早晨野鸡鸣叫。雊，野鸡鸣叫。⑩傥：同“倘”，假使，如果。⑪天机清妙：性情高远。天机，天性。清妙，指超尘拔俗，与众不同。

1.解释下列加点的词语。

(1)复与疏钟相间(　　)　　(2)然是中有深趣矣(　　)

(3)当待春中(　　)　　(4)草本蔓发(　　)

2. 用现代汉语翻译下面的句子。

多思曩昔，携手赋诗，步仄径，临清流也。

3. 下面对选文内容分析理解不正确的一项是（　）。

A. 选文中"深巷寒犬，吠声如豹。村墟夜舂，复与疏钟相间"吠声、舂声、钟声，以动衬静，反衬出辋川冬夜的寒冷幽静，寂寥无人

B. 选文中"此时独坐，僮仆静默。多思曩昔……""独坐""多思"等词语，表达出"良辰美景虚设"的寂寞遗憾之感，流露出对朋友的思念之情

C. 本文作者用诗一般优美雅致的语言，实写了辋川春日万物勃发、色彩斑斓、浪漫多姿的明丽景象，真可谓是文中有画

D. 文中"斯之不远，傥能从我游乎？"一句，表明了作者写信的意图，即希望能与好朋友裴迪共赏美景，共悟其中"深趣"

4. 选文中作者运用了多种写景技法描绘了明丽的春天美景，试选择其中任意一种简要分析之。

名师点拨

王维笔下的辋川景物，是极富特点的。第一段先从视觉角度写水光与月色荡漾辉映，再写远山上的火光忽明忽暗浮现在树林间；然后从听觉角度先写严冬深巷中犬声如豹；再写夜舂声、钟声稀疏交叉，视听结合，以声衬静，营造了冬季宁静和谐、清幽淡远的氛围。第二段虚写山村春色，运用了视听、动静结合的手法，先从视觉写草木、游鱼、白鸥、麦田，再从听觉写了麦田里雉鸟的鸣叫。草木、麦田为静景，游鱼、白鸥为动景，整个景物描写，由山到水，从天到地，由草地至麦野，从植物写到动物，极富空间层次感。再看"白鸥"与"青皋"色彩明丽，凸显了春日勃发的生机。作者借笔下虚实结合的美景向知己裴迪传达"深趣"，既表明自己期待悠闲自在的山水田园生活的情趣，也有与朋友分享美景，暗含与朋友相投的志趣。借景寄情，表现作者淡泊的人生志趣。

（三）剑指中考

阅读《与朱元思书》和《山中与裴迪秀才书》（节选），回答问题。（15分）

1. 解释下列加点的词语。（4分）

（1）经纶世务（　　）

（2）窥谷忘反（　　）

(3)村墟夜春(　　)

(4)非子天机清妙者(　　)

2.用现代汉语翻译下面的句子。(4分)

(1)急湍甚箭,猛浪若奔。

(2)斯之不远,傥能从我游乎?

3.下列对文章内容的理解和分析不正确的一项是(　　)。(3分)

A.“奇山异水,天下独绝”总写富春江两岸的奇山丽水,作为全文的“文眼”,统领全篇

B.“游鱼细石,直视无碍”用侧面描写的手法,烘托出江水澄澈透明的静态之美

C.“轻鯈出水,白鸥矫翼”描写游鱼浮动、白鸥展翅的画面,极富空间感,凸显了春日的生机勃发

D.“多思曩昔,携手赋诗”回忆与友人携手赋诗、快乐同游的情景,直接邀请朋友共赏美景

4.富春江美景令吴均“息心”“忘反”,辋川山水让王维悟得“深趣”,说说他们在情感表达上有何相似之处。(4分)

第二节

《登勃朗峰》及类文的学法指津

一 文本解要

(一)文本指要

《登勃朗峰》是统编教材(2017年版)语文八年级下册第五单元的一篇课文,作者是美国作家马克·吐温。本文所在单元的文章要求学习游记的写法与语言风格的多样化,借鉴名家笔法学写游记。该文既写游览之景的精彩,也写所遇奇人的精妙,写景绘人相映成趣,语言幽默,感慨自生,文质兼美,是写作的范例。

(二)素养导航

1.语言建构与运用

马克·吐温的语言既清通易读,又流畅洒脱,却没落入庸俗陈套,他擅长把口语和文学味语言强有力地融在一起。本文写景状物极其生动,有新意。略写时,稍用修辞就准确突出了景物的特点;详写时,形象性强而笔法灵动,让人目不暇接。文中常用新奇的、极具表现力的比喻,来描绘雄壮、奇伟、变幻多姿的山中所见之景,如"肥皂泡",喻体奇特。文中多角度绘景,大量短句的使用,让语言极富有美感。如"色彩斑斓,彩霞满天,白云缭绕,轻歌曼舞",节奏整齐,音律和谐,又极富文学意味。写人记事的语言极富有生活情趣,"如果这位王爷的车技略欠敏捷——或者说,不是老天有意安排,让他在离开阿冉提时喝得酒气醺醺——结果就不会是这样的了",语言幽默诙谐,细细品味,趣味横生。如文中作者有意将"车王"说的法语直接译为英语,读来滑稽有趣。再如描写"车王"和"勃朗队长"的语言,破折号的大量使用,凸现出人物语言的颠倒重复、不合逻辑。另外,极度夸张的讽刺艺术和饱含哲理意味的幽默渗透其间,细品则耐人寻味。

我们要学习马克·吐温的写作方法,写景形象而传神,写人写事妙趣横生,引人入胜,借鉴他语言独有的幽默风格。

2.思维发展与提升

在此文中，马克·吐温先以散文笔法描绘山中奇景，引出后文无限感慨；后以小说笔法叙述奇人奇事，极富有传奇色彩，前后相辅相成，妙趣横生。马克·吐温为了真实记录这次传奇般的乘车经历，前半部分对风景的描绘运用的是书面语言，乘车部分没有采用微型小说的写法，用的是生活化的语言，这在游记中是非常少见的。在写奇人奇事部分，作者构思最为奇妙。他先从事件开始就设置悬念，可悬念并没有随着颠簸、危险的行程在笔下解开，反而再次设疑，即使在揭晓谜底之前，也再加延宕，插入"勃朗队长"的半醒半醉的话，让人担心，直至最后，作者将两重悬念一起揭晓，使得情节起伏跌宕，读来引人入胜。

品读《登勃朗峰》，它妙趣横生的语言和跌宕起伏的情节可以唤起我们"穷根就底"的阅读欲望，进一步发展和提升我们的阅读思维能力。

3.审美鉴赏与创造

马克·吐温曾说游记的写实性体现在"野游纪实"，只是在于"老老实实写的"。可在《登勃朗峰》中，作者却完美地实现了写实与文学相结合，突显了"美""妙""趣""奇"的特点。山中奇景美妙且富有情趣，如嶙峋的怪石、变幻的光影等；山中极富传奇色彩的趣闻逸事，如惊险的旅途、怪异的车夫等，处处流露出作者对勃朗峰的喜爱和赞美之情，再加上作者将散文与小说笔法结合运用，一篇"奇文"就展现在我们面前了。

《登勃朗峰》实现了写实性与文学性的完美结合。这篇游记自由的写法，轻松的文笔不仅仅给我们带来乐趣，还能够给我们带来美妙、奇特的审美感受。学习本文时，我们要细细地品味，通过文字接触马克·吐温，了解这种游记的写法。

4.文化传承与理解

《登勃朗峰》通过对奇景的描绘和奇人奇事的叙述，不仅让读者感受到了游记带来的乐趣，更重要的是看到了人性以及社会现实，也看到了马克·吐温作品的特点——自由不羁、无拘无束。他个性坦率、乐观、积极，生活态度自由，他批评生活中过于文明、过于优雅的东西，而赞同富有活力、简单自由的生活，哪怕有时是粗憨、荒唐、缺少节制的。这篇文章其实也透露出美国式的好奇心和幽默感，体现出一种随性豪放的人生姿态，我们也可以通过这篇文章慢慢地感受美国文化。

学习《登勃朗峰》，了解外国作家的游记中所体现的所至、所见、所感，感受奇妙的联想和奇特的经历，透过作品领略异国文化特色。

二 预习路径

预习时注意本课的提问式旁批，结合这些问题自读自思，了解基本内容、语言风格，深化理解；从阅读中选择自己感兴趣的内容，确定阅读的方向，从中获取独到的阅读感受。

三 学法指津

(一)语言品味法

本文具有很浓的书卷气，具有生动、幽默的特点。

语言有书卷气。如：欣赏瀑布“清流急湍，环顾四周，岩壁巉峻，丘岗葱绿，美不胜收”一连串四字词语，语言整齐，极富文学意味；向山下的阿冉提村进发之前仰面遥望附近的一座峰巅时，用了“色彩斑斓，彩霞满天，白云缭绕，轻歌曼舞”，节奏整齐，音律和谐，令人耳目一新，给人以美的感受。

语言生动幽默。作者叙述下山的经历时，他用幽默风趣的语言，描绘出惊险的旅程、怪异的车夫，给读者留下了深刻的印象。比如“车王”赶马车“什么乱石废物，沟壑旷野，一概不顾——有时一两个轮子着地，但大多数时候腾空而起”，富有传奇色彩；“每当我们险遭不测时，他总是面不改色，和颜悦色地说：‘只当是种乐趣吧……能坐上车王的车的人，可是少之又少啊——看到了吧，正如我说的，我就是车王’”等句子，其中，用“我们险遭不测”的害怕和车夫的“面不改色”的镇静、大胆、敢于冒险，形成对比，达到了幽默的效果。句中无不暗含着诙谐幽默，读起来饶有趣味，让读者感受到奇人奇事的乐趣。

(二)技巧运用法

层次分明，善于简笔勾勒。作者分别写了自己上山与下山的经历，他按一定的顺序描写，各有侧重，体现了细节之美，构思和谐，层次分明；有详有略，在描述车夫之王时只用简单的语言讲述，没有过多修饰，体现了语言的简洁美。另外，在写“车夫之王”和写他朋友时笔法不同，写“车夫之王”，作者浓墨重彩，从多角度展开来写，力求突出“车夫之王”的本领高超，是名副其实的传奇人物，而写他的朋友时却是简笔勾勒。试想，他的朋友作为“勃朗队长”，爬山的次数和向导的水平应该更高。作者在此处却采用略写，不觉令人想到“人外有人，天外有天”，不仅给读者留下了丰富的联想和想象的空间，而且增添了文章的层次美。

抓住特征，充分展示细节。多角度描绘景物特点。作者通过视听结合，从不同的观察角度来突出景物特征，给读者带来不同的审美感受。多种修辞手法的运用，突出景物特征。如运用比喻，把山峰的形状比作“美女的纤指”“主教头的帽子”，极言山峰形状的奇特。把“朵朵白云”比作“游丝蛛网”等，突出白云的轻柔、纤巧和美丽，把山间景物的美丽展露无遗，表达作者对勃朗峰的喜爱和赞美之情。

四 拓展致用

（一）牛刀小试

阅读下面的文章，完成后面的训练。

泰山很大

汪曾祺

……

因此描写泰山是很困难的。它太大了，写起来没有抓挠。三千年来，写泰山的诗里最好的，我以为是《诗经》的《鲁颂》：“泰山岩岩，鲁邦所詹。”“岩岩”究竟是一种什么感觉，很难捉摸，但是登上泰山，似乎可以体会到泰山是有那么一股劲儿。詹即瞻。说是在鲁国，不论在哪里，抬起头来就能看到泰山。这是写实，然而写出了一个大境界。汉武帝登泰山封禅，对泰山简直不知道怎么说才好，只好发出一连串的感叹：“高矣！极矣！大矣！特矣！壮矣！赫矣！惑矣！”完全没说出个所以然。这倒也是一种办法。人到了超经验的景色之前，往往找不到合适的语言，就只好狗一样地乱叫。杜甫诗《望岳》，自是绝唱，“岱宗夫如何，齐鲁青未了”，一句话就把泰山概括了。杜甫真是一个深受儒家思想影响的伟大的现实主义者，这一句诗表现了他对祖国山河的无比的忠悃。相比之下，李白的“天门一长啸，万里清风来”，就有点儿洒狗血。李白写了很多好诗，很有气势，但有时底气不足，便只好洒狗血，装疯。他写泰山的几首诗都让人有底气不足之感。杜甫的诗当然受了《鲁颂》的影响，“齐鲁青未了”，当自“鲁邦所詹”出。张岱说：“泰山元气浑厚，绝不以玲珑小巧示人。”这话是说得对的。大概写泰山，只能从宏观处着笔。郦道元写三峡可以取法。柳宗元的《永州八记》刻琢精深，以其法写泰山即不大适用。

写风景，是和个人气质有关的。徐志摩写泰山日出，用了那么多华丽鲜明的颜色，真是“浓得化不开”。但我有点儿怀疑，这是写泰山日出，还是写徐志摩自己？我想周作人就不会这样写。周作人大概根本不会去写日出。

我是写不了泰山的，因为泰山太大。我对泰山不能认同。我对一切伟大的东西总有点儿格格不入。我十年间两登泰山，可谓了不相干。泰山既不能进入我的内部，我也不能外化为泰山。山自山，我自我，不能达到物我同一：山即是我，我即是山。泰山是强者之山，我自以为这个提法很合适，我不是强者，不论是登山还是处世。我是生长在水边的人，一个平常的、平和的人。我已经过了七十岁，对于高山，只好仰止。我是个安于竹篱茅舍、小桥流水的人。以惯写小桥流水之笔而写高大雄奇之山，殆矣。人贵有自知之明，不要“小鸡吃绿豆——强努”。

同样，我对一切伟大的人物也只能以常人视之。泰山的出名，一半由于封禅。封禅史上最突出的两个人物是秦皇、汉武。唐玄宗作《纪泰山铭》，文词华缛而空洞无物。宋真宗更是个沐猴而冠的小丑。对于秦始皇，我对他统一中国的丰功，不大感兴趣。他是不是“千古一帝”，与我无关。我只从人的角度来看他，对他的“蜂目豺声”印象很深。我认为汉武帝是个极不正常的人，是个妄想型精神病患者，一个变态心理的难得的标本。这两位大人物的封禅，可以说是他们的人格的夸大。看起来这两位伟大人物的封禅的实际效果都不怎么样。秦始皇上山，上了一半，遇到暴风雨，吓得退下来了。按照秦始皇的性格，暴风雨算什么呢？他横下心来，是可以不顾一切地上到山顶的。然而他害怕了，退下来了。于此可以看出，伟大人物也有虚弱的一面。汉武帝要封禅，召集群臣讨论封禅的制度。因无旧典可循，大家七嘴八舌瞎说一气。汉武帝恼了，自己规定了照祭东皇太乙的仪式，上山了。却谁也不让同去，只带了霍去病的儿子一个人。霍去病的儿子不久即得暴病而死。他的死因很可疑，于是汉武帝究竟在山顶上鼓捣了什么名堂，谁也不知道。封禅是大典，为什么要这样保密？看来汉武帝心里也有鬼，很怕他的那一套名堂并不灵验，为人所讥。

但是，又一次登了泰山，看了秦刻石和无字碑（无字碑是一个了不起的杰作），在乱云密雾中坐下来，冷静地想想，我的心态比较透亮了。我承认泰山很雄伟，尽管我和它不能水乳交融，打成一片；承认伟大的人物确实是伟大的，尽管他们所做的许多事不近人情。他们是人里头的强者，这是毫无办法的事。在山上待了七天，我对名山大川、伟大人物的偏激情绪有所平息。

同时我也更清楚地认识到我的微小，我的平常，更进一步安于微小，安于平常。

这是我在泰山受到的一次教育。

从某个意义上说，泰山是一面镜子，照出每个人的价值。

（有改动）

学法指引

《泰山很大》是汪曾祺的游记散文《泰山片石》的第一章，是概括介绍泰山的。它可以独立成篇。此篇，汪曾祺分别列举不同文化人对泰山的描述、不同帝王的封禅，写出了泰山境界的宏大、政治内涵的博大。它收摄了泰山的魂魄。其实，在汪曾祺的儿童时代，他就特别向往泰山。在他的一生中，曾三次赴泰山。这篇文章还写出了他对泰山的认识变化——他从“山自山，我自我”的认识到在第三次登泰山后，在泰山的宏伟、博大、慷慨和平和中，他找到了自我，并真正识得了五岳独尊的泰山。

本文语言体现了汪曾祺的语言风格：充满谐趣、质朴淳厚、平易真切。比如，在文中叙述汉武帝登泰山封禅情状时，汉武帝感叹：“高矣!极矣!大矣!特矣!壮矣!赫矣!惑矣!”汪曾祺点评说：“完全没说出个所以然。这倒也是一种办法。人到了超经验的景色之前，往往找不到合适的语言，就只好狗一样地乱叫。”以“狗一样地乱叫”来评说汉武帝登泰山时的感慨，不恭的言语中充满着讽刺与幽默。他的文字不施藻饰，读来简洁、清新、纯净，却“幽默味”浓厚，有时亦庄亦谐，有时出诸反语，正话反说。而风趣、幽默中正体现了他的智慧和机巧，流露他率真本色的心境。他的散文精于遣词造句，但写出来的又是大白话，亲切真诚，自然晓畅，极具浓烈的抒情意味和艺术感染力。

1. 纵观全文，作者是从哪些方面写“泰山很大”的？请概括说明。

2. 从语言风格的角度赏析第一段里其中一个文化人对泰山描述的句子。

3. 结合全文，理解最后一段中“泰山是一面镜子，照出每个人的价值”的含义。

(二)独闯天涯

阅读下面的文章,完成后面的训练。

阳关雪

余秋雨

①今天,我冲着王维的那首《渭城曲》,去寻阳关了。出发前曾在下榻的县城向老者打听,回答是:“路又远,也没什么好看的。这雪一时下不停,别去受这个苦了。”我向他鞠了一躬,转身钻进雪里。

②天竟晴了,风也停了,阳光很好。没想到沙漠中的雪化得这样快,才片刻,地上已见斑斑沙底,却不见湿痕。

③地上有一些奇怪的凹凸,越来越多,终于构成了一种令人惊骇的铺陈。我猜了很久,又走近前去蹲下身来仔细观看,最后得出结论:那全是远年的坟堆。

④这里离县城已经很远,不大会成为城里人的丧葬之地。这些坟堆被风雪所蚀,因年岁而塌,枯瘦萧条,显然从未有人祭扫。它们为什么会有那么多,排列得又是那么密呢?只可能有一种理解:这里是古战场。

⑤我在望不到边际的坟堆中茫然前行,心中浮现出艾略特的《荒原》。这里正是中华历史的荒原:如雨的马蹄,如雷的呐喊,如注的热血。中原慈母的白发,江南春闺的遥望,湖湘稚儿的夜哭。故乡柳荫下的诀别,将军咆哮时的怒目,丢盔弃甲后的军旗。随着一阵烟尘,又一阵烟尘,都飘散远去。

⑥我相信,死者临死时都是面向朔北敌阵的;我相信,他们又很想在最后一刻回过头来,给熟悉的土地投注一个目光。于是,他们扭曲地倒下了,化作沙堆一座座。

……

⑦远处已有树影。疾步赶去,树下有水流,沙地也有了高低坡斜。登上一个坡,猛一抬头,看见不远的山峰上有荒落的土墩一座,我凭直觉确信,这便是阳关了。

⑧树愈来愈多,开始有房舍出现。这是对的,重要关隘所在,屯扎兵马之地,不能没有这一些。转几个弯,再直上一道沙坡,爬到土墩底下,四处寻找,近旁正有一碑,上刻“阳关古址”四字。

⑨这是一个俯瞰四野的制高点。西北风浩荡万里,直扑而来,踉跄几步,方才站住。脚是站住了,却分明听到自己牙齿打战的声音,鼻子一定是立即冻红了

的。呵一口热气到手掌，捂住双耳用力蹦跳几下，才定下心来睁眼。

⑩这儿的雪没有化，当然不会化。所谓古址，已经没有什么古迹，只有近处的烽火台还在，这就是刚才在下面看到的土墩。土墩已坍了大半，可以看见一层层泥沙，拌和着一层层苇草。苇草飘扬出来，在千年之后的寒风中抖动。向前俯视，是西北的群山，都积着雪，直伸天际。我突然觉得自己是站在大海边的礁石上，那些山全是冰海冻浪。

⑪王维的笔触实在是温厚。对于这么一个阳关，他仍然不露凌厉惊骇之色，而只是文静淡雅地写道："劝君更尽一杯酒，西出阳关无故人。"他瞟了一眼渭城客舍窗外青青的柳色，看了看友人已打点好的行囊，微笑着举起了酒壶——再来一杯吧，阳关之外，也许就找不到可以这样对饮畅谈的老朋友了。这杯酒，友人一定是毫不推却，一饮而尽的。

⑫这便是唐人风范。他们多半不会声声悲叹，执袂劝阻。他们的目光放得很远，他们的人生道路铺展得很广。告别是经常的，步履是放达的。这种神貌，在李白、高适、岑参那里，焕发得越加豪迈。由此联想到，在南北各地的古代造像中，唐人造像一看便可识认，形体那么健美，目光那么平静，笑容那么肯定，神采那么自信。在欧洲看蒙娜丽莎的微笑，你立即就能感受，这种恬然的自信只属于那些真正从中世纪的梦魇中苏醒、对前路挺有把握的艺术家们。这些艺术家以多年的奋斗，执意要把微笑输送进历史的魂魄。而更早就具有这种微笑的唐代，却没有把它的自信延续久远。阳关的风雪，竟越见凄迷。

⑬王维诗画皆称一绝，莱辛等西方哲人反复论述过的诗与画的界限，在他是可以随脚出入的。但是，长安的宫殿只为艺术家们开了一个狭小的边门，允许他们以文化侍从的身份躬身而入。这里，不需要艺术闹出太大的人文局面，不需要对美有太深的人性寄托。

⑭于是，九州的文风渐渐刻板。阳关，再也难以享用温醇的诗句。西出阳关的文人越来越少，只有陆游、辛弃疾等人一次次在梦中抵达，倾听着穿越沙漠冰河的马蹄声。但是，梦毕竟是梦，他们都在梦中死去。即便是土墩、石城，也受不住见不到诗人的寂寞。阳关坍弛了，坍弛在一个民族的精神疆域中。它终成废墟，终成荒原。身后，沙坟如潮；身前，寒峰如浪。谁也不能想象，这儿，一千多年之前曾经验证过人生旅途的壮美、艺术情怀的宏广。

⑮这儿应该有几声胡笳和羌笛的，如壮汉啸吟，与自然浑和，却夺人心魄。可惜它们后来都不再欢跃，成了兵士们心头的哀音。既然一个民族都不忍听闻，它们也就消失在朔风之中。

⑯回去吧，时间已经不早。怕还要下雪。

（有改动）

1. 本文作者以自己的游踪为线索，分别叙写自己打听阳关、_________、________，以及离开阳关过程中的所见所思，面对今非昔比的阳关，作者借此抒发了对阳关的_______（用一个词语表达）之情。

2. 从修辞手法的角度赏析第⑤段中画线句子的妙处。

3. 联系上下文，谈谈在第⑫段中，作者为何既写“唐人风范”，又提及欧洲文艺复兴的艺术家们，这样写有何用意。

名师点拨

该文是一篇访古咏史的文化散文。它充满历史的沧桑感、民族的自豪感和理性的思辨。作者写阳关，虽以自己的游踪为线索，但又不是一般的探幽访胜，也不是单纯的咏物抒怀，他借助“阳关”这一历史遗迹，来影射中华民族在人类文明史上曾经做出的伟大贡献，以此来追寻中国古代文人曾经经历过的生命体验。在第一段中，作者提到自己是“冲着王维的《渭城曲》”去寻阳关。接着，作者将沙漠边陲的一派荒凉、肃杀、空旷的景象展现在读者的面前。而他对阳关所见之景，既有写实，又有联想，简洁而形象地展示出一幕幕的历史景象，文中对于“坟堆”本身，又赋予了一种民族精神的象征，从中呈现出社会性和人性，作者所感受到的历史沧桑感就自然而然地流露出来。文中还多处运用对比的手法来突出作者探访阳关时的所思所感。

作者笔下的阳关，已经超越了阳关本身的意义，我们在阅读时，跟着作者的游踪一起踏寻历史遗迹，一起随着作者进入人生、社会和历史等更加广阔的领域之中。

(三)剑指中考

阅读余秋雨的《阳关雪》，完成下面的训练。(14分)

1.下列对文章内容的理解，不正确的一项是(　　)。(3分)

A.作者带领我们探寻历史遗迹，追寻历史、文化，融合人、自然、历史，向我们展示了一幅人文山水画卷，充满了历史厚重感和沧桑感

B.本文题名“阳关雪”，实际写到雪的地方并不多，雪在这里只是作为一种时令的象征，起到点缀画面，暗示作者情感基础的作用

C.作者用“胡笳”和“羌笛”这虚拟的“极美”的声音来突出强调环境的死寂，又化用王之涣《凉州词》的诗意，以表达对历史的无尽哀悼

D.这是一篇游记散文，以作者的游踪为顺序，重点描绘了阳关的景色，为了寻景，作者不辞辛苦冒雪赶了这么远的路前去

2.第⑩段对阳关景物的描写有什么作用?(3分)

3.联系上下文，谈谈你对第⑭段画线句“阳关，再也难以享用温醇的诗句。”的理解。(4分)

4.结合全文分析文章结尾段中“怕还要下雪”的作用。(4分)

第三节

《一滴水经过丽江》及类文的学法指津

一 文本解要

（一）文本指要

《一滴水经过丽江》是统编教材（2017年版）语文八年级下册第五单元的课文。作者是中国当代著名作家阿来。本文所在单元的文章记述游览见闻，描摹山水风光，吟诵人文胜迹，抒发作者情思。作者在该文中独特地将自己化作“一滴水”，游览古城丽江的自然风光，领略人文风情，表达对丽江新颖、独特的热爱与赞美，故而阅读此文要关注其新颖构思与独特视角，品味游记语言的独特魅力。

（二）素养导航

1.语言建构与运用

阿来的散文往往带有诗意，本文的诗意表现在抒情和节奏上。例如，“我乘水车转轮缓缓升高，看到了古城，看到了狮子山上苍劲的老柏树，看到了依山而起的重重房屋，看到了顺水而去的蜿蜒老街”，连续用四个“看到了”领句，传神的描写蕴含极强的抒情性。句式整散结合，长短错落有致，节奏灵活多变，使文章具有诗意。作者在文章最后反复强调“作为一滴水”，连续使用“我来到”“我知道、我终于”，在语言上形成的复沓，突出了抒情对象，蕴含浓烈的抒情诗的韵味，表达了无尽的愉悦和感叹。作者还将漫长的时间、广阔的空间，聚焦在特定的点上，增加语言的厚度，引发了无限的联想和想象。如“四方街筑成后，一个名叫徐霞客的远游人来了，把玉龙雪山写进了书里，把丽江古城写进了书里，让它们的名字四处流传”，凝练而生动地概括了丽江古城建成后的“成名史”，增强了语言史诗般的厚重感。文中还有很多富含哲理的句子，要么直接评述，要么制造对比，表现了丽江人与自然的和谐，让人感到平静，透露出哲理般的睿智和对某种文化、人生的哲思。

我们要学习阿来的诗意表达，让语言具有抒情性和节奏感，也可以聚焦一个特定点，让语言富有厚度和质感，触发读者的联想和想象。

2. 思维发展与提升

阿来在描写景物时选用的视角非常灵活，就连“看”的方式也有很多种：有时仰视天际，有时高处鸟瞰，有时抵近细察，有时升高远眺，有时由远观近，有时一瞥即逝，正是因为采用灵活的视角和多种观察方法，所以在材料安排上得心应手、游刃有余。作者选用很多在时间和空间上并没有许多联系的景物来表现今日所见的丽江，衔接上也没有用过多的文字，只简单地交代“一滴水”的流动，就完成了从一个景物到另一个景物的过渡，文章反而倍感轻灵而生动。对于某些想“指向”却不愿意详细描述的景物、事件，作者经常利用“水滴”的流动或跳跃，点到即止，没有详细描述。这种“不详细”虽不能使之穷形尽现，却更能达到突出描写对象的主要特征，引发联想和想象的效果，有利于激发读者深入的思考。

阅读本文要充分地调动自己的想象、联想，体会文章新颖的构思、独特的视角，将其方法用于自己的观察、思考、写作等，发展与提升自己的思维。

3. 审美鉴赏与创造

本文以“一滴水”的视角把所看到的娓娓道来，浪漫温情又富有情趣。将丽江古城的自然景观、人文景观、风土人情等逐一展示，如同一幅幅风景画、建筑画、民俗画，美不胜收。最妙的是，作者将自己想象成一个旅游者，一个叙述者——“一滴水”，别出心裁地形成时间、空间线索，用它与读者沟通交流，抒发情感，带给读者最独特的阅读审美感受，这是有别于其他游记的创新之处。作者围绕丽江的自然风景、民俗风情、历史文化，展开了一场“美丽的精神之旅”，借这清新纯净洗涤着疲惫的灵魂，将人们带到人性深处的纯净美丽，指向回归真实的生活方式，给人非凡的审美感受。

我们可以尝试学习作者以特别的视角，描绘一幅幅精美的图画的方法。学习从构思、画面、情感、寓意等多角度去鉴赏事物、景物之美，去创新游记的写法，带给读者丰富的人文社会知识和美的享受。

4. 文化传承与理解

本文是一篇精美的散文，作者洞悉丽江的地域特色、风土人情，想象奇妙，具有浪漫主义的诗情，形象鲜明生动，人文底蕴厚重。作者特别关注丽江的人文内涵，无论是对城市历史的追忆，还是对现状的概述或具体描述，都突出了“人”的要素，集中描写人创造的历史文化、人与人之间和谐的关系，以及人与这座城的美好相遇，使文章具有了社会和文化的厚度。

阅读本文，在了解丽江的地域特色和风土人情，感受丽江的人文内涵及其历史文化的基础上，提升自己对区域传统文化的认识与理解。

二 预习路径

朗读课文时把自己想象成“一滴水”，感受这滴水奇幻的生命旅程，记录下自己的感悟，写一些赏析性的文字。特别关注作者用富有抒情性的语言，多角度描写的视角，展现丽江古城优美的自然风光和人文景观，体悟作者的情感。

三 学法指津

（一）线索梳理法

画思维导图，巧妙梳理线索。这滴水一路走来，展示给人们不一样的人生探险旅程。“一滴水”是作者的化身，是文章的线索，利用思维导图形式，将“一滴水”的行走路线标示出来，梳理出文章线索。具体操作：以“一滴水”进入丽江古城之前，它的游踪及所看到的景象；再以“一滴水”进入丽江古城的游踪及所看到的景象，理清游记的线索。题目中的“经过”体现了本文的“游踪”，但对“经过”的理解，不能停留在“一滴水”从玉龙雪山出发，流经丽江坝，掉入落水洞，冒出黑龙潭，流经四方街的古城宅院，最后跃入金沙江，这样一个点到另一个点的行踪变化，“经过”不只是写作时一个时间节点上的所见、所闻、所感，更是丽江古城及其周边自然景物、风土民情在数百年乃至上千年的历史长河中不断变迁、沧海桑田的宏阔历程。这样才能真正理解这个词语丰富的内涵以及作者精巧的构思。

（二）语言品味法

该文的语言富有诗意且极具有节奏感。一是简明的短句反复出现使得文章节奏紧凑，音韵和谐：如“后来，我知道，那时是明代”句中用逗号画出了停顿，读起来有一种舒缓的语调。“黑头发的人，黄头发的人。黑眼睛的人，蓝眼睛的人”，此处用短句相连，一点儿也没有被刻意雕琢，形成了一种意想不到的表达。二是长句的使用也很有特点：如“看到了古城，看到了……，看到了……，看到了……”，四个“看到了”分别领起一个分句，整散结合，再加上排比的修辞手法，句子形式优美，节奏回环往复，饱含了作者对丽江古城的浓浓深情。这样的例子不胜枚举，如“我经过叮叮当当敲打着银器的小店。经过……。经过……。经过……。我想停下来看看……我确实想停下来，想被掺入砚池中，被蘸到笔尖，被写成东巴象形文的‘水’……”这个段落中，四个“经过”连用，均用句号隔开，实现了语言的诗性跳跃，所见所闻都体现着纯正的纳西民族文化特色，体现了作者对东巴文化的深刻理解，两个“我（确实）想停下来”和三个“被”更是饱含了他对目前世界上唯一“活着的象形文字”——东巴文字的深厚情感。

本文句式长短结合，错落有致，具有强烈的画面感和抒情性；又以散文的形式呈现出了诗一般的绘画美、建筑美、音乐美，使读者徜徉于语言诗意的河流中。

四 拓展致用

课后阅读刘增山的《小溪的行程》，再与本文进行比较，分析两篇文章中“我”的作用有何异同。阅读余秋雨的游记作品，体会将景物、历史、感悟和思考融为一体的游记风格。

（一）牛刀小试

阅读下面的文章，完成后面的训练。

威尼斯

朱自清

威尼斯是一个别致地方。出了火车站，你立刻便会觉得：这里没有汽车，要到哪儿，不是搭小火轮，便是雇“刚朵拉”。大运河穿过威尼斯像反写的S，这就是大街。另有小河418条，这些就是小胡同。轮船像公共汽车，在大街上走；“刚朵拉”是一种摇橹的小船，威尼斯所特有，它哪儿都去。威尼斯并非没有桥；378座，有的是。只要不怕转弯抹角，哪儿都走得到，用不着下河去。可是轮船中人还是很多，“刚朵拉”的买卖也似乎并不坏。

威尼斯是“海中的城”，在意大利半岛的东北角上，是一群小岛，外面一道沙堤隔开亚得利亚海。在圣马克方场的钟楼上看，团花簇锦似的东一块西一块在绿波里荡漾着。远处是水天相接，一片茫茫。这里没有什么煤烟，天空干干净净；在温和的日光中，一切都像透明的。中国人到此，仿佛在江南的水乡；夏初从欧洲北部来的，在这儿还可看见清清楚楚的春天的背影。海水那么绿，那么酽，会带你到梦中去。

威尼斯不单是明媚，在圣马克方场走走就知道。这个方场南面临着一道运河，场中偏东南便是那可以望远的钟楼。威尼斯最热闹的地方是这儿，最华妙庄严的地方也是这儿。除了西边，围着的都是300年以上的建筑，东边居中是圣马克堂，却有了八九百年——钟楼便在它的右首。再向右是“新衙门”；教堂左首是“老衙门”。这两溜儿楼房的下一层，现在满开了铺子。铺子前面是长廊，一天到晚是来来去去的人。紧接着教堂，直伸向运河去的是公爷府；这个一半属于小方场，另一半便属于运河了。

圣马克堂是方场的主人，建筑在11世纪，原是卑赞廷(今多译为“拜占廷”)式，以直线为主。14世纪加上戈昔式的装饰，如尖拱门等；17世纪又参入文艺复兴期的装饰，如栏杆等。所以庄严华妙，兼而有之；这正是威尼斯人的漂亮劲儿。

教堂里屋顶与墙壁上满是碎玻璃嵌成的画，大概是真金色的底，蓝色和红色的圣灵像。这些像做得非常肃穆。教堂的地是用大理石铺的，颜色花样种种不同。在那种空阔阴暗的氛围中，你觉得伟丽，也觉得森严。教堂左右那两溜儿楼房，式样各别，并不对称；钟楼高322英尺，也偏在一边儿。但这两溜房子都是三层，都有许多拱门，恰与教堂的门面与圆顶相称；又都是白石造成，越衬出教堂的金碧辉煌来。教堂右边是向运河去的路，是一个小方场，本来显得空阔些，钟楼恰好填了这个空子。好像我们戏里大将出场，后面一杆旗子总是偏着取势；这方场中的建筑，节奏其实是和谐不过的。

18世纪意大利卡那来陀一派画家专画威尼斯的建筑，取材于这方场的很多。德国德莱司敦画院中有几张，真好。

……

威尼斯的夜曲是很著名的。夜曲本是一种抒情的曲子，夜晚在人家窗下随便唱。可是运河里也有：晚上在圣马克方场的河边上，看见河中有红绿的纸球灯，便是唱夜曲的船。雇了“刚朵拉”摇过去，靠着那个船停下，船在水中间，两边挨次排着“刚朵拉”，在微波里荡着，像是两只翅膀。唱曲的有男有女，围着一张桌子坐，轮到了便站起来唱，旁边有音乐和着。曲词自然是意大利语，意大利的语音据说最纯粹、最清朗。听起来似乎的确斩截些，女人的尤其如此——意大利的歌女是出名的。音乐节奏繁密，声情热烈，想来是最流行的“爵士乐”。在微微摇摆的红绿灯球底下，颤着酽酽的歌喉，运河上一片朦胧的夜也似乎透出玫瑰红的样子。唱完几曲之后，船上有人跨过来，反拿着帽子收钱，多少随意。不愿意听了，还可摇到第二处去。这个略略像当年的秦淮河的光景，但秦淮河却热闹得多。

从圣马克方场向西北去,有两个教堂在艺术上是很重要的。一个是圣罗珂堂,旁边有一所屋子,墙上屋顶上满是画。楼上下大小三间屋,共62幅画,是丁陶来陀的手笔。屋里暗极,只有早晨看得清楚。丁陶来陀作画时,因地制宜,大部分只粗粗勾勒,利用阴影,教人看了觉得是几经琢磨似的。《十字架》一幅在楼上小屋内,力量最雄厚。佛拉利堂在圣罗珂近旁,有大画家铁沁和近代雕刻家卡奴洼的纪念碑。卡奴洼的,灵巧,是自己打的样子;铁沁的,宏壮,是19世纪中叶才完成的。他的《圣处女升天图》挂在神坛后面,那朱红与亮蓝两种颜色鲜明极了,全幅气韵流动,如风行水上。倍里尼的《圣母像》,也是他的精品。他们都还有别的画在这个教堂里。

从圣马克方场沿河直向东去,有一处公园。从1895年起,每两年在此地开国际艺术展览会一次。今年是第18届,加入展览的有意、荷、比、西、丹、法、英、奥、苏俄、美、匈、瑞士、波兰等13国,意大利的东西自然最多,种类繁极了;未来派、立体派的图画雕刻,都可见到,还有别的许多新奇的作品,说不出路数。颜色大概鲜明,教人眼睛发亮;建筑也是新式,简洁不啰唆,痛快之至。苏俄的作品不多,大概是工农生活的表现,兼有沉毅和高兴的调子。他们也用鲜明的颜色,但显然没有很费心思在艺术上,作风老老实实,并不向牛犄角里寻找新奇的玩意儿。

威尼斯的玻璃器皿,刻花皮件,都是名产,以典丽风华胜,绛丝也不错。大理石小雕像,是著名大品的缩本,出于名手的还有味。

1932年7月13日

(有改动)

学法指引

这篇游记描绘了著名城市威尼斯的瑰丽风光和文化艺术特色,创造了奇妙优美的意境,表现出高度的和谐美。本文突出了朱自清散文朴素、清新、简练的语言特征,本文口语化的表达就是其语言朴素美的一种体现。

运用口语,亲切真实。文中开头写到“威尼斯是一个别致的地方”,“别致”如何体现呢?作者在描绘威尼斯的自然和人文景观时,并没有用华丽的辞藻对此进行浓墨重彩的描绘,而是运用了许多常用的口语。读起来朗朗上口,倍感亲切自然,真实而生动地再现了威尼斯如诗如画的风光。比如:"'刚朵拉'是一种摇橹的小船,威尼斯所特有,它哪儿都去。""威尼斯并非没有桥;378座,有的是。""只要不怕转弯抹角,哪儿都走得到,用不着下河去"等,几乎全是口语,乍一读,看似平淡,还容易忽略,然而细细品读却韵味无穷。以后再读这类语言风格的游记时,要注意于朴素自然中品出味道。

多用修辞,鲜活生动。作者善用新颖又美感十足的比喻,还善于打通人体感官,运用通感的修辞手法,准确、细腻地描摹自己的独特感受。如把"大运河穿过威尼斯像反写的S,这就是大街……",将大运河比作"反写的S"和"大街",将运河中的船比作"公共汽车"等,生动再现了威尼斯的"别致"特征。又如"圣马克堂是方场的主人"中的"主人"突出了圣马克堂在方场中的独特位置和地位。比喻形象贴切,情趣十足;通感使语言新颖、别致,令人难忘。如"海水那么绿,那么酽",形象地写出了威尼斯的海水已绿到令人"醉"的程度。文章巧用修辞,读起来令人倍感脱俗、鲜活、生动,使威尼斯的美令人陶醉。

1.以下对文本内容的理解和分析有误的一项是(　)。

A.文中描绘了威尼斯的瑰丽风光和文化艺术特色,表达了作者轻松愉悦的情感,以及他始终没有变化的对热爱美、表现美的追求

B.作者眼中的威尼斯十分漂亮,文章不仅反映了著名城市威尼斯的历史变迁,更反映了作者对这一历史文化的深刻反思

C.文中将大运河比作"反写的S"和"大街",将运河中的轮船比作"公共汽车",这些比喻生动地展现了威尼斯"别致"的特点

D.作者朴素的语言特色主要体现在运用叠词和朴素的口语上。前者读来朗朗上口,有很强的语言节奏感;后者读来给人以自然亲切之感,情趣十足

2.联系上下文,体会下列句子在文中的妙处。

(1)在圣马克方场的钟楼上看,团花簇锦似的东一块西一块在绿波里荡漾着。

(2)夏初从欧洲北部来的,在这儿还可看见清清楚楚的春天的背影。

3.作者常将自己强烈的思想情感融入景物的描绘中,鲜明地写出自己独特的感受。请结合文中句子分析。

(二)独闯天涯

阅读下面的文章,完成后面的训练。

观秦兵马俑

季羡林

……

①车过秦始皇陵,看到一个高高的土丘,上面郁郁葱葱,长满了石榴树。因为天气不好,骊山只剩下一片影子,黑魆魆地扑人眉宇。田地里长满了青青的蔬菜,间或也能看到麦苗。麦苗长得还很矮小,但青翠茁壮。在骊山的阴影压迫之下,这麦苗显得更加青翠,逗人喜爱。

②……西安是一个最容易让人发思古之幽情的地方。只要一看到秦始皇陵和骊山,人们的思潮就会冲决这两个地方,向外扩散。我现在正是这样。我的心思仿佛长上了翅膀,连绵起伏,奔腾流泻。看到半坡,我自然就想到了蒙昧远古的祖先。接着想到的是我们汉族公认的始祖轩辕黄帝。……骊山当然让我想到周幽王和骊姬。始皇陵里埋着妇孺皆知的秦始皇。茂陵是汉武帝的陵墓。……至于唐代,那遗迹更是到处可见……抬头一看,低头一想,无一不让你想到唐代诗歌的黄金时代,想到一些脍炙人口的诗句。……走过灞桥,我怎能会不想到当年折柳赠别的那一些名句和那种依依不舍的友情呢?……终南山抬头就能够见到,一看到终南山:"终南阴岭秀,积雪浮云端。林表明霁色,城中增暮寒。"吟咏这首诗的声音,就在我耳边响起。……一走过渭水,"秋风生渭水,落叶满长安"这样的诗句马上把我带到了长安的深秋中,身上感到一阵阵的凉意。一想到秋天,我马上就想到春天。"云里帝城双凤阙,雨中春树万人家。"这样春雨中的情景立刻就把千树万树枝头滴着红雨的杏花带到我眼前,我身上感到一阵阵的湿意。从帝城我联想到大明宫:"九天阊阖开宫殿,万国衣冠拜冕旒。"我仿佛亲眼看到当年世界的首都长安的情景,大街上熙熙攘攘,挤满了人,在黄皮肤的人群中夹杂着不少或白或黑、衣着怪异、语言奇特的外国学者、商人、僧侣、外交官……

③总之,在我乘车驶向秦俑馆的路上,(A)我眼前幻影迷离,心头忆念凌乱,耳旁响着吟诗声,嘴里念着美妙的诗句,纵横八百里,上下数千年,浮想联翩,心潮腾涌。我以前在任何时候任何地方都没有过这样复杂的感情,(B)我是既愉

快，又怅惘；既兴奋，又冷静，中间还掺杂上一点儿似乎是骄傲的意味。

④就这样，转眼之间，我们已经到了秦兵马俑馆。

⑤……在进入大厅之前，我们先参观了大厅旁边的一间小厅，中间陈列着正在修复中的一辆铜车、四匹铜马。四匹铜马神采奕奕，仿佛正在努力拉着铜车奔驰。一个铜军官坐在车上，驾驭着这四匹马。看到这样精致绝伦的艺术国宝，我们每个人都不禁啧啧称叹：想不到宇宙间竟有这样神奇的珍品，我心中那一点儿骄傲的意味不由得更加浓烈起来了。

⑥走进了大厅，站在栏杆旁边向下面的大坑里望去，看到一排排的坑道。坑道中，前排的兵俑和马俑都成排成行地站在那里。将军俑、铠甲武士俑、骑马俑等等，好像都聚精会神地站在那里，静候命令，一个个秩序井然，纪律严明，身体笔直，一动也不动。兵俑中间间杂着一些马俑，也都严肃整齐，伫立待命。我原以为，这些兵俑都是一个模子里塑制出来的，千篇一律，不会有什么变化。但是仔细一看才发现，他们的面部表情几乎都不相同：有的像是在微笑，有的像是在说话，有的光着下颌，有的留着胡子，个个栩栩如生，而又神态各异，没有发现一个愁眉苦脸的。……我简直难以想象，当年的艺术家是怎样塑制这些兵马俑的。数以万计的兵马俑竟都能这样精致生动，不叫它是宇宙间一大奇迹又叫它什么呢？

⑦我的思潮又腾涌起来，眼前幻象浮动，心头波浪翻滚。蓦地一转眼，(C)我仿佛看到坑里的兵俑和马俑一齐跳动起来。兵俑跑在前面，在将军俑的率领下，奋勇前进。马俑紧紧地跟在后面。有的兵俑骑上马俑，放松缰绳，任马驰骋。后排坑道里那些还没有被完全挖出来的兵俑和马俑，有的只露出了头，有的露出了半身，有的直着身子，有的歪着身子，也都在那里活动起来。在这里，地面高高低低，坎坷不平。它在我眼中忽然变成了海浪，汹涌澎湃，气象万千。兵俑和马俑正从海浪中挣扎出来……它们一飞出大厅，看到今天祖国已经换了人间，都大为惊诧与兴奋。它们大声互相说着话："我们一睡就是几千年，今天醒来，看到河山大地花团锦簇，人民群众意气风发。……我们也一定要尽上一分力量，决不能落后于人。现在是大显身手的好时候了，干呀！干呀！"边说边飞，浩浩荡荡，飞向天空，飞向骊山。

……

⑧这八百里秦川可真是一块宝地啊！在若干千年中，我们的先民在这里胼手胝足，辛勤耕耘，才收拾出来了现在这样的锦绣河山。就拿西安这一个地方来

说吧……在秦俑馆内,外国朋友,男女老幼,穿着五光十色的衣服,说着稀奇古怪的语言,其数目远远超过国内人民。在这样的情况下,作为一个中国人,人们会想些什么呢?别人的心思我无法揣度,我说不出;但我自己的心思我是清楚的。我在来的路上的那一点儿淡淡的骄矜之意、幸福之感,现在浓烈起来了。为生为一个中国人而感到骄矜与幸福,难道不是我们共同的感觉吗?

⑨我就是怀着这样的骄矜之意与幸福之感,依依不舍、一步三回首地离开秦俑馆的。此时天色已经渐渐地晚了下来,骊山山顶隐入一层薄薄的暮霭中。浩浩荡荡的兵俑和马俑的队伍大概已经飞越了骊山,只留下一片寂静,伴随我驰过八百里秦川。

(有改动)

1. 阅读全文并根据文章内容填写下表。

游踪	所见(所想)	所感
___(1)___	丰富的历史遗迹,璀璨的诗歌文化	一点儿似乎是骄傲的意味
秦兵马俑馆小厅	___(2)___	骄傲的意味不由得更加浓烈起来了
秦兵马俑馆大厅	规模宏大,形态各异,飞奔向前	___(3)___

2. 联系上下文,体会第③段中画线(A)句子的妙处。

3. 联系全文,简要分析文章第④段在结构上所起的作用。

名师点拨

游记常以作者的游踪为线索,阅读时必须找出作者的行踪,明确立足点和观察点,揣摩写作思路,梳理游记结构。阅读游记,要领略作者描绘的景象美,明确描述景象的方法(怎么写的),注意语言风格(豪放、清新、隽永、婉丽等)。其中,体会文中句子的妙处,就是考查对语言特色及其表达效果的把握,一般分为四步进行,即判断角度、解说角度、分析特点、理解情感。理解关键句段作用,一般按照扣角度(结构和内容)、明位置(开头、中间、结尾)、联主旨的步骤进行。如首句(段)的作用一般有引起下文、营造氛围、烘托、交代主旨、作铺垫、形成照应、结构严谨、开篇点题、照应题目、设置悬念等,中间句(段)的作用一般是过渡、承上启下、巧设悬念、突出主题等,结尾句(段)的作用一般有收束全文、点明主题、深化主题、照应题目或开头、引发思考、给读者留下丰富的想象空间等。

(三)剑指中考

阅读季羡林的《观秦兵马俑》,完成下面的训练。(19分)

1. 以下对文本内容的理解和分析不正确的一项是(　　)。(3分)

A. 文章第①段的场景的描述是全文的感情基调,是充满活力、昂扬兴奋的

B. 第②段尾省略号的意思是在西安脍炙人口的诗歌和引发思古幽情的历史遗迹还有很多,未能一一列举

C. 第②段中的画线诗句和刘禹锡的“自古逢秋悲寂寥,我言秋日胜春朝”表达的意境有异曲同工之意

D. 第⑥段末尾的画线句是反问句,强调的是兵马俑给人的震撼,是宇宙间的一大奇迹

2. 作者在第⑧段段首感叹:“这八百里秦川可真是一块宝地啊!”请结合全文,说说“宝地”体现在哪些地方。(3分)

3. 理解文章第③段画线句子(B)中作者的情感。(4分)

我是既愉快,又怅惘;既兴奋,又冷静,中间还掺杂上一点儿似乎是骄傲的意味。

4. 联系全文,体会第⑦段中画线 (C)句在文中的妙处。(4分)

5. 作者为什么一开始详细描述车行途中的所见所闻,而不直接写“观秦兵马俑”? 请简要分析。(5分)

第三章

科普类文章学法指津

第一节

《蝉》及类文的学法指津

一 文本解要

(一)文本指要

《蝉》是统编教材(2017年版)语文八年级上册第五单元的课文,作者是法国昆虫学家法布尔。课文所在单元的文章介绍了我国在建筑、园林、绘画等方面的卓越成就,说明了中国人民非凡的智慧与杰出的创造力。该文是科普说明文,要学习其全面、细致、深入观察的方法,体会语言的严谨与准确,增强思维的条理性和严密性,学习锲而不舍的科学精神。

(二)素养导航

1.语言建构与运用

该文科学、具体地说明了蝉生长的过程和生活的习性,语言特点是说明中有文艺笔调,准确平实,生动风趣,富有感情,易激发阅读兴趣。

该文为了科学地说明蝉生活的各个方面,恰当地运用各种修辞手法,准确地使用动词。如"可怜做母亲的对此一无所知……不过它竟不能改变它的本能来拯救它的家族。"用拟人手法写蝉为了保护自己的幼虫,不怕周边害虫的侵扰,甚至牺牲生命,文章显得自然、亲切,字里行间里洋溢作者对生命的同情。如"鱼形幼虫一到孔外,皮即刻脱去……踢踢腿,试试筋力,有时却又懒洋洋地在绳端摇摆着"中"脱""形成""附""踢踢""试试""摇摆"等动词的准确使用,把蝉从幼虫到成虫的过程,说得清清楚楚,描写准确生动,给人以深刻的印象。语言饱含感情,激发读者共鸣。如"四年黑暗中的苦工,一个月阳光下的享乐……什么样的钹声能响亮到足以歌颂它那来之不易的刹那欢愉呢?"一句中议论兼抒情的写法,使文章充满情感,表现了作者对生命的理解和尊重,对世间万物的关爱,极易打动人心。

阅读本文,学习作者描写昆虫的语言技法,品味语言的味道,感受语言的魅力,学习在细致观察的基础上客观记录的科学精神。

2.思维发展与提升

《昆虫记》是法布尔以毕生的时间与精力，仔细观察了干泥蜂、萤火虫、蟋蟀、蜣螂、蚂蚁、西绪福斯虫等100多种昆虫的生活以及它们为了繁衍种族所进行的斗争后，详细记录观察所得的笔记。如：萤火虫从外表上来看，“它有六只短足”，喜欢用足走路，雄性萤火虫到了发育完全的时候，会生长出翅盖，因为它本身就是甲虫，雌性萤火虫终生处于幼虫状态。

法布尔深入昆虫世界，真实地记录下昆虫的本能与习性，并用文艺性的语言表述出来，学习本文有利于发展和提升实事求是、客观记录、理性描述的研究性思维。

3.审美鉴赏与创造

《昆虫记》是传世经典。《蝉》不仅仅浸润着昆虫学家法布尔对生命的敬畏之情，更蕴含着他的求真精神，即追求真理、探求真相（客观真实，实事求是）的科学精神。法布尔充满了对生命的关爱和对自然万物的赞美之情，以人性观照昆虫的本能、习性、劳动、婚恋、繁衍和死亡，渗透了人文关怀；并以此反观社会与人生，朴素的笔触，彰显睿智的哲思；优美的散文，散发着美的光芒。

《昆虫记》不仅是一部研究昆虫的科学巨著，也是一部讴歌生命的宏伟诗篇，其审美价值崇高而伟大。

4.文化传承与理解

《昆虫记》是一部严谨的科学著作，传承的是客观的科学观察，真实的文艺描述，这是将科普知识与人生感悟熔于一炉的文化。

我们要磨炼观察生活和世事的眼光，培养对生命的尊重与热爱的情怀，传承科普文化。

二 预习路径

找出文中的关键词语，梳理说明顺序，是学习说明文必需的基本功；理解本文“幼虫—成虫—卵—幼虫”说明顺序的意图；同时理解怎样把枯燥无味的昆虫的成长过程说得清楚明白，传承作者的科学精神。

三 学法指津

学写文艺性说明文，要学习用文艺化的笔调叙述、描写说明对象，可用连续的情节，使说明文语言妙趣横生；运用拟人等修辞手法，使文章自然、亲切，增强可读性。

(一)背景助读法

法布尔，法国著名昆虫学家，用水彩绘画了700多幅真菌图，深受人们的赞赏和喜爱。他也在漂染业内做出了卓越贡献，曾获得三项有关茜素的专利。法布尔在生活中默默无闻，勤奋刻苦。他做过小学教师和中学教师，依靠菲薄的工资为生。为了有利于研究昆虫学，他希望到大学做教授，以便改善生活，但终没能如愿。他晚年埋头苦干，在荒僻的乡间买了一块园地，修建了简陋的住宅，布置了昆虫笼子和实验室，专心致志观察、研究昆虫，不求名利，反而名声大振，出版了《昆虫记》的最后几卷，赢得了众多法国读者认可，在欧洲各国和全世界也获得了极高的荣誉。文学界称他为“昆虫世界的维吉尔”(维吉尔是古罗马著名的田园诗人)，法国文学界和学术界推荐他为诺贝尔文学奖候选人。

《昆虫记》是一部不朽的著作，该书描述了昆虫们的日常生活习性和特征，融合作者毕生的研究成果和人生感悟，将昆虫世界化作供人类获得知识、趣味、美感和思想的美文。

(二)描写说明法

说明文中运用文艺性的语言，文章就会生动有趣，耐读有味。作者把蝉人格化，赋予人的情感和行为，易于我们理解。文章把蝉产卵与“可怜做母亲的”生儿育女所付出的艰辛等同起来，自然就可以理解“蚋残害蝉卵”的可恨，为蝉这个小生物成长的不易而慨叹，文末抒情性的语言就自然带有了人的情感。运用文学的语言说明蝉的生活习性，把不为人知的科学现象表达得更具体形象，把枯燥的过程写得富有情调。文章写蝉脱壳的过程，将其比喻为“表演一种奇怪的体操”：在空中腾跃，翻转，使头部倒悬，折皱的翼向外伸直，竭力张开。其中“腾跃”“翻转”“倒悬”等动词用得非常准确，把蝉脱壳的整个过程准确而又生动地展现出来，顺序自然而有规律。这是教给我们认识自然界事物的方法。

法布尔注重观察和实验，对蝉进行了大量细致的追踪和研究，把观察过程写得富有波折，既有故事情节，又有生动细致的描写，易于激发阅读兴趣。《蝉》是用文学的语言记录下的研究成果和经历，体现出的是求真的科学探索精神，是科学观察与研究的智慧结晶。

四 拓展致用

课后推荐阅读法布尔的《昆虫记》，也可阅读他的《阿维尼翁的动物》《橄榄树上的伞菌》《葡萄根瘤蚜》，还可阅读西顿的《我的野生动物朋友》《西顿动物记》等。

(一)牛刀小试

阅读下面的文章,完成后面的训练。

奇特的“电子生物”

张全波

①某一天,你发现窗户玻璃上静静地停着一只飞蛾,看上去就像被你家的灯光吸引来的“不速之客”。如果这样想,那你可就大错特错了,因为实际上它可能是一个“昆虫间谍”,正在那里注视着你的一举一动。

②几年前,一个科研小组宣布,他们研制出了一种“电子鼠”,它们的重要用途是通过遥控装置完全控制其行动,利用它们灵敏的嗅觉在非常狭小的空间执行搜寻任务,比如发现埋藏的炸弹,或在地震废墟中寻找被掩埋者。

③为了使控制人员能够观察到“电子鼠”的所见情景,研究人员还在最新一代“电子鼠”身上安装了可视装置。为了确定“电子鼠”在野外是否已经发现目标并锁定气息来源,研究人员又在“电子鼠”的大脑内植入了一种专门用于收集神经信号的特殊装置。

④科学家之所以选择像老鼠这样的动物,是因为它们本身的体积比较大,能够携带小型摄像机、小型计算机以及电源等。当然,它们的缺陷是,执行秘密侦察任务时很难达到隐形的目的,为此,研究人员又把目光投向了昆虫。昆虫除了体型小,不易被发现外,它们飞行的灵活性和敏捷性也是其他动物无法比拟的。

⑤多数有翅昆虫,比如蜜蜂、甲壳虫等,在从幼虫发育到成虫的过程中会经历一个变形期,研究人员就是在这一时期将芯片植入昆虫体内的。当幼虫发育成成虫时,芯片与肌体结合,成为昆虫机体的一部分,使之成为“电子昆虫”。同时,还要求芯片与神经系统完美地结合在一起。这样,研究人员才有可能随意控制昆虫的飞行。研究人员已经研制出了直径只有几百微米的超薄神经芯片,这种芯片富有弹性,能够在昆虫变形时与神经系统进行充分结合。

⑥“电子昆虫”的重要用途是当“间谍”。“昆虫间谍”在控制中心100米范围内飞行,然后准确地停在距离目标数米远的地方进行侦察,任务完成后被召回。但是要想将昆虫设计成真正意义上的“昆虫间谍”,还有很长的路要走。不管是在昆虫背上装纽扣电池还是通过有线控制,都会在昆虫背上形成一个明显的像拇指样的突起,更不用说为了进行侦察还需要装上微型麦克风、环境感受器以及

传输装置等，这些都会让“昆虫间谍”一眼就被人识破。因此，当务之急是缩小所有装置的体积，同时找到能够充分利用昆虫自身能量的方法。

⑦在不久的将来，当这些问题都得到解决后，那些停在墙上的苍蝇很可能就是一个“间谍”。因此，到时候你一定要小心，也许随身携带一瓶驱蚊水或者在手边常备一个苍蝇拍才是上上之策!

(有改动)

学法指引

本文采用层层递进的说明顺序，运用了多种说明方法辅助说明奇特的“电子生物”。解释“电子生物”的重要用途，文章在第②段说：“几年前，一个科研小组宣布，他们研制出了一种‘电子鼠’，它们的重要用途是通过遥控装置完全控制其行动，利用它们灵敏的嗅觉在非常狭小的空间执行搜寻任务……”我们把这个句子精简概括，就能得知“电子生物”的第一个用途就是执行搜寻任务。再往下读，文章第⑥段提到 “电子昆虫”的另一个重要用途是当“间谍”。

通读文章，我们会发现关键句“科学家……把目光投向了昆虫”出现在第④段。再次认真阅读这个段落，就能发现“为此”中的“此”就是科学家把目光投向昆虫的原因，也就是“此”所指代的句子就是“它们的缺陷是，执行秘密侦察任务时很难达到隐形的目的”。还有，如文中“不久的将来”是一个对时间限制的词语，说明这些问题很快就能得到解决；如“很可能”是一个表推测、估计的限制性词语，由于目前技术还不成熟，所以作者现在只能推测，但从这个词语能看出作者相信“昆虫间谍”这项奇特的“电子生物”技术总有一天能成熟并运用于生活中。这些词语的运用使语言表达更加准确。

1.结合文章，说说“电子生物”有哪些重要用途。

2.科学家研制出了“电子鼠”后，为何又把目光转向了昆虫?

3.下面句中加点的短语有什么作用？请简要分析。

在不久的将来，当这些问题都得到解决后，那些停在墙上的苍蝇很可能就是一个“间谍”。

(二)独闯天涯

阅读下面的文章,完成后面的训练。

天空为何有双彩虹?

霍寿喜

①2016年5月23日傍晚,雨后的京城天空出现了双彩虹。霓虹相伴的美丽场景持续了约数分钟,引爆了市民的围观和晒图热情。

②为何天空会出现双彩虹?据气象专家解释,5月23日京城遭遇了高空槽系统的影响,高空槽前也就是东部地区出现了降雨,槽后即西部地区则是晴朗天。此时,西边的阳光照射到东边后,被雨滴折射、反射之后就形成了彩虹。彩虹外围出现的第二道色彩比较暗淡的叫作"霓",它的颜色排列顺序与虹正好相反,外紫内红,也被称为"副虹"。霓和虹的不同点在于光线在雨点内产生了二次内反射,所以人们看到霓的光弧色带与虹正好相反,亮度和艳丽程度也较虹减少和逊色一些。

③为了弄清彩虹的面目,我们可以做一个小实验:把喷水器调成喷雾状态,在中午的阳光下找一片有树荫的地点,拿着喷水器朝东南方向的空中喷水,水雾从空中落下就可以把阳光的颜色折射出来了,也就能看到彩虹。

④这个实验告诉我们:只要空气中有水滴,而阳光正在观察者的背后以低角度照射,便可能产生可以观察到的彩虹现象。彩虹的出现与当地天气变化也密切相关,一般东方出现虹时,本地是不大容易下雨的,而西方出现虹时,本地下雨的可能性却很大,所以有民谚:"东虹日头西虹雨。"

⑤彩虹的明显程度取决于空气中小水滴的大小,小水滴体积越大,形成的彩虹越鲜亮,小水滴体积越小,形成的彩虹就不明显。

⑥一般冬天的气温较低,在空中不容易生存小水滴,下雨的机会也少,所以冬天一般不会有彩虹出现。夏季是彩虹最常出现的季节。夏雨过后,大气中的小水滴数量较多,最易形成彩虹,晚唐诗人李商隐就有"虹收青嶂雨,鸟没夕阳天"的诗句。由于夏日"太阳雨"的出现,表明夏雨有时空分布不均的特点,不下雨的地方,空气水分少,不易形成彩虹,所以,夏雨过后,常常会有"残虹""断虹"出现。南朝张正见在《后湖泛舟》诗中写道:"残虹收度雨,缺岸上新流。"又因为

夏季空气温度高，有时一阵雨过后，大气中的水分立刻挥发布匀，所以“虹消雨霁，彩彻云衢”的现象也是有的。

⑦由于雨滴的大小和时空分布的变化，彩虹的绚丽程度也常常处于变幻状态。或隐或现的彩虹，时有时无的“残虹”“断虹”，仿佛一个巨人在执手挥舞，也像是天空中的彩虹舞蹈。

⑧正因为夏雨过后出现彩虹的可能性较大，所以，1981年7月29日，在英国查尔斯王子与戴安娜结婚的大喜日子里，气象学家别出心裁，用人工增雨的方式使伦敦下了场大雨。大雨过后，气候宜人，并且天遂人愿，伦敦上空出现了巨大的彩虹，为王子的婚礼增添了喜庆色彩，同时也创下了人工影响天气的奇迹。

（有改动）

1. 根据第②段内容，用简单的示意图阐释虹、霓的成因。

2. 根据第⑤段阐述的科学道理，试着推断：为什么夏季是彩虹最常出现的季节？

3. 第⑦段中的画线句子，在语言表达上有什么特点和好处？

名师点拨

选文从“雨后的京城天空出现了双彩虹”这个自然现象说起，重点阐释了为何天空会出现双彩虹，从“西边的阳光照射到东边后，被雨滴折射、反射之后就形成了彩虹”可以看出彩虹形成的过程，从“彩虹外围出现的第二道色彩比较暗淡的叫作‘霓’，它的颜色排列顺序与虹正好相反，外紫内红，也被称为‘副虹’”可知彩虹的外围还有另外一道彩虹，称为“副虹”。用通俗易懂的语言解释了霓和虹的特点，并将它们作比较，生动形象地突出了霓的特点。科学家为了弄清彩虹的面目，做了一个小实验后得出结论：只要空气中有水滴，而阳光正在观察者的背后以低角度照射，便可能产生可以观察到的彩虹现象。接着说明“彩虹的明显程度取决于空气中小水滴的大小”，由于雨滴的大小和时空分布的变化，彩虹的绚丽程度也常常处于变幻状态。最后举例说明“夏雨过后出现彩虹的可能性较大”。

(三)剑指中考

阅读前面的《天空为何有双彩虹?》,完成下面的训练。(20分)

1.课文以“天空为何有双彩虹?”为题目,有何妙处?(4分)

2.天空为什么会出现彩虹?请用简洁的语言回答。(4分)

3.第②段中画横线的句子运用了什么说明方法?有什么作用?(4分)

4.文中第⑥段引用李商隐与张正见的诗句有什么作用?(4分)

5.本文结尾有什么特点?请简要概括。(4分)

第二节

《梦回繁华》及类文的学法指津

一 文本解要

(一)文本指要

《梦回繁华》是统编教材(2017年)语文八年级上册第五单元的一篇课文。本文所在单元的文章要求我们感受人类的智慧、文化的辉煌、自然的奥妙、艺术的魅力,学习说明的方法与作用、语言的准确与生动、思路的流畅与严密。该文介绍北宋名画《清明上河图》,说明顺序恰当,方法合理,语言准确优美,通俗与典雅兼备。

(二)素养导航

1.语言建构与运用

该文的语言既准确又生动。准确性主要表现为语言的分寸把握得好:一是专业性与普及性的兼顾,也就是说,既不会因为美术专业术语太多而让人难以理解,又不会因为要让人易懂而贫乏无味。比如,“风俗画”“界画”“绢本”“设色”“手卷”“兼工带写”等少量专业术语的适当运用,不仅不影响全文的通俗易懂,而且能让人感觉到专业色彩,有艺术欣赏的味道;二是使用一些起强调或限制作用的词语,准确严密,比如“极大的拓展”“主要活动于……”“相传为他所画”“据后代文人考订”“无有不符”等,分寸拿捏得很好。语言的生动性主要表现为典雅优美,尤其是大量使用四字短语,不仅概括力强,而且让人读来满口生香,余味悠长,比如“疏林薄雾”“农舍田畴”“春寒料峭”是对近郊景物的生动描摹,“舳舻相接”“房屋林立”“摩肩接踵”是对城内繁华场景的形象再现,“握篙盘索”“挥臂助阵”“无暇一顾”是对人物动作、神态的精彩刻画,“士农工商”“男女老少”“各行各业”“无所不备”是对汴京市井生活的高度概括。

学习本文,要注意体会作者是如何使本文语言准确严密的,还要注意积累一些典雅优美的四字短语,以培养语感,增加积累,可以尝试用同样的语言风格对某一画作或某处风景进行描绘。

2.思维发展与提升

《清明上河图》这幅画，长5米多，画中内容丰富，人物牲畜、船只车轿、楼宇桥梁、花草树木等数量庞杂。要用语言文字把这幅画解说清楚，必须做到思路清晰缜密，否则会让人不得要领。清晰缜密的思路主要表现在以下几方面。

(1)清晰的说明顺序。全文采用逻辑顺序，从背景、作者到画作内容，再到艺术表现、历史价值，按照“背景—作者—内容—价值”的思路逐层展开，行文过程有条不紊、重点突出。本文主体(介绍画作内容)部分，采用空间顺序，按照“开卷处—中段—后段”的思路逐一介绍，条理清晰。

(2)恰当的说明方法。本文用得最多的说明方法是摹状貌，比如“疏林薄雾”“巨大的漕船，舳舻相接，忙碌的船工从停泊在河边的粮船上卸下沉重的粮包……”“船夫们呼唤叫喊，握篙盘索。桥上呼应相接，岸边挥臂助阵……”等，生动的描摹使静止的画面有了动感，再现了当时的生活场景，给读者留下了清晰的印象。大量运用摹状貌的说明方法，主要从说明对象的角度去考虑。本文的说明对象《清明上河图》不仅规模宏大，而且真实、细腻，如果不进行细致的描摹，使画作中的场景生动再现，很难给读者留下清晰的印象。本文还运用了引用、列数字、打比方的说明方法，如引用其他文献中的原话，使说明的内容更加真实可信；列举相应的数字，准确严密；把画卷比作“一部乐章，由慢板、柔板，逐渐进入快板、紧板，转而进入尾声”，生动形象，通俗易懂。

(3)标题与内容紧密照应。本文标题为“梦回繁华”，生动地揭示了画作的主题，从全文来看，也是紧扣“梦”和“繁华”来写的。第2段点明了画作的主题，“盛世假象”是“梦”，“南渡的北宋遗民”“回首故土、梦回繁华”也是“梦”。接着用大量笔墨描摹了画作所绘的繁华场景，同样如“梦”，而那“隐藏于繁华背后的心情”则是深入骨髓的惆怅和忧郁。结尾段引用《东京梦华录》的资料，同样体现了“梦”。标题取得巧妙，行文突出中心。

我们要从以上三个方面去体悟作者清晰缜密的思路：根据写作对象确定说明顺序，根据写作对象确定说明方法，根据写作对象确定文章标题。

3.审美鉴赏与创造

本文是一篇鉴赏绘画名作的说明文，作者以专业的眼光，用准确而通俗的语言娓娓道来，让我们感受到这幅画作的艺术魅力。经典的绘画作品，无一不具有丰富的意蕴。《清明上河图》不仅有极强的艺术表现力，而且有极大的历史价值。作者通过本文告诉我们，欣赏这幅画作，不仅要关注画作的内容，还要关注其时代背景、创作动机、历史价值，这样才能充分理解其中的内涵，鉴赏其中的美感，领略其中的魅力。同时，在欣赏传统名画时，我们要展开联想和想象，使静止的画面在头脑中变成一个动态的场面，把画中的场面变活，让人如临其境。这样的方法可以用于鉴赏同类型的其他画作。

通过学习本文，我们的审美鉴赏能力会有一定程度的提升。如果再让我们欣赏一幅名画，我们将不再是“门外汉”。经过研究之后，也能写出一段有一定鉴赏水平的文章。美术上有特长的同学学习本文也许还能让自己的绘画水平得到提升。

4. 文化传承与理解

《清明上河图》是传世国宝，是中华民族辉煌灿烂的文化遗产之一，同时在世界艺术史上也享有崇高的地位，是中华民族贡献给人类文明的重要文化成果之一。我们既要用心阅读本文，又要对照《清明上河图》进行欣赏，认真领会画作的内涵，感受其价值和魅力，以增强民族文化的自豪感和自信力。

历代以来，《清明上河图》就像一个无穷无尽的谜题，吸引着人们探寻的眼光。许多学者认为，画中所绘的一些现象，比如乞丐沿街乞讨、汴京城防松弛、望火楼无人值守、衙门口的士兵懒散懈怠等，无处不透露出张择端作为一位有良知的知识分子对国家命运的忧虑。我们在学习本文、欣赏这幅画作时，也可以关注这一方面的内容，理解中国古代知识分子“天下兴亡，匹夫有责”的家国情怀。

二 预习路径

预习时关注标题的含义，留意说明顺序和说明方法并逐一标注，还要注意语言特色。思考：为什么以此为标题？为什么以这样的思路行文？为什么使用这样的说明方法？为什么用这样的语言？不妨到网上找一些关于清明上河图的图片，对照欣赏，品出其中的一些妙处来。

三 学法指津

（一）追问探究法

想要深入理解本文，不仅要先知道本文写了什么内容，而且要知道本文是怎么写的，为什么这样写。此外，还需要我们进行追问，把思考引向深处。

1. 追问标题：为什么要以“梦回繁华”为题？以“清明上河图”为题岂不直截了当？

如果我们再带着这个问题去读课文，就会发现全文都是围绕这个标题来写的。

第1段写北宋绘画题材“扩展到描绘城乡市井平民生活的各个方面”，《清明上河图》就是“北宋风俗画”的代表作，其社会原因，就是北宋城市“空前繁荣”。第2段通过介绍作者和创作背景来引导人们去关注这幅画“隐藏于繁华背后的心情”，点明一个“梦”字。第3、4段介绍画作的内容，处处紧扣“繁华”。第5段介绍画作的艺术价值和历史价值，突出“写实性很强”的特点，引用《东京梦华录》的记述，再次体现“梦”与“繁华”。

我们再进一步追问：为什么全文都围绕“梦回繁华”来写？回头去看第2段，就会发现，这是因为作者认为“梦回繁华”是对《清明上河图》历史价值的概括。本文以“梦回繁华”为题，是因为作者要以此来点明《清明上河图》的历史价值，进而全文都围绕这一主题来介绍这幅画作。

2.追问写作顺序：为什么要按“背景—作者—内容—价值”的思路写作？理清文章的写作思路，是最基本的阅读步骤，但我们不能止步于此，还应该深入思考：为什么按这样的顺序来写？

根据我们对上一个问题的追问和分析，我们已经弄明白：作者是以他所理解的画作主题——“梦回繁华”为中心来介绍这幅画作的。那么，文章的写作思路，自然也要符合这一主题。

要明白《清明上河图》“梦回繁华”的历史价值，首先要通过绘画题材、作者及其所处的时代点明“其特殊的意义”——“南渡的北宋遗民”“回首故土、梦回繁华的写照”。有目的地读第3、4段，了解画作中“隐藏于繁华背后的心情”。最后在前文的基础上介绍画作的艺术价值和历史价值，自然也是水到渠成的。

（二）重点品读法

重点品读第4段，该段介绍画作内容，是全文重点和最精彩的段落，也是读者借以理解本文其他段落的重要参照，可从以下两个方面品读。

1.感受合理的写作顺序。本段主要运用由前往后的空间顺序介绍这幅画作，介绍画作的三个部分时，又采用空间顺序与逻辑顺序相结合的方式。介绍“画面开卷处”，是由远到近的空间顺序。介绍“画面中段”同样顺序合理，从汴河的地位写到河上的船及船工、纤夫，这是由整体到局部的逻辑顺序；从河中的船写到河上的桥，这是从下到上的空间顺序；写“一艘准备驶过拱桥的巨大漕船的细节”，从船上的人到桥上的人再到岸上的人，这也是从下到上的空间顺序。介绍“画面后段”，从“高大雄伟的城楼”写起，再写街道、店铺、行人，既有从高到低的空间顺序，又有从整体到局部的逻辑顺序。一幅内容庞杂的画卷，经作者这样有条不紊地娓娓道来，清晰明了，让人印象深刻。

2. 感受短句的语言特色。本文大量使用四字短语，读的时候要留心品味，细细揣摩，要品出韵味来。比如“疏林薄雾，农舍田畴，春寒料峭”：第一，高度概括了画面开卷处的风光；第二，顺序严谨，“疏林薄雾”是整体上的大自然景象，“农舍田畴”是在大自然背景中的人文景观，“春寒料峭”是从自然景象和人物活动中推测出的天气情况；第三，四字短语，句式整齐，“疏林薄雾，农舍田畴”还形成对仗，读起来朗朗上口，余味悠长，言语中仿佛还带着淡淡的墨香。我们可以用这样的方式细细品味其他四字短语，感受本文典雅优美的语言风格。作者用如此典雅优美的语言，与本文的写作对象有关，因为《清明上河图》是传世国宝，是重要的传统文化遗产，用典雅优美的语言更符合这一特点。

四 拓展致用

课后阅读《〈清明上河图〉的故事》《解读〈清明上河图〉》《谜一样的〈清明上河图〉》等书，深刻了解这幅传世名画。同时，找一些鉴赏其他画作的文章来读，提高阅读同类文章的能力，提升美术鉴赏能力。

（一）牛刀小试

阅读下面的文章，完成后面的训练。

北宋山水画的力作

毛　宁

北宋定都汴梁，中原地区成为政治文化的中心，也是画家云集、绘画活动最为活跃的地区。北宋的山水画在五代的基础上继续发展，主要沿袭了以荆、关为代表的北方画派。范宽名中正，字仲立，陕西华原（今陕西铜川耀州区）人，是北宋时期与李成齐名的最为杰出的山水画家，世称“李、范”。范宽的时代略迟于李成，活动于北宋初期的长安、洛阳等地，宋仁宗天圣年间（1023—1031）尚在，因生活在北方，所以画笔之下描绘的都是北方关洛一带大自然的雄浑景象，与当时的南方以董源为代表的画派风格不同。他画山水最初学荆浩，又摹拟李成画法，虽然有所得益，但总认为“尚出其下”，继而领悟到“前人之法，未尝不近取诸物，吾与其师于人者，未若师诸物也。吾与其师于物者，未若师诸心”。于是他决意深入自然，在大自然中“对景造意”“写山真骨”。他长期居住在终南山、太华山的林麓之间，切身体察了“云烟惨淡，风月阴霁难状之景”，悉心体会了不同自然气候条件下的山水形态，终于“自立家法”，创造出不同于李成山水的壮丽画面。范宽笔下的关洛景象，“峰峦浑厚，势状雄强，抢笔俱均，人屋皆质”，享有“与山传神”的赞誉。

传为范宽的《溪山行旅图》，诗塘有董其昌书“北宋范中正溪山行旅图”十字，是范画山水的标准作品。北宋绘画的迫人肺腑的气息，范宽山水雄强浑厚的特征在这张画中都得到了最为集中的表现。画家一改常见的构图形式，迎面而来，巍峨耸立的山峰被置于画面的主要位置，雄壮的气势撼人心魄，给人一种“高山仰止”的感觉。山顶有密林，山谷深处一瀑如线，飞流百丈。山下烟雾空濛，衬托出怪石的冈丘；丘上杂树丛生，阁楼隐现。前景处溪流在突兀的巨石间奔腾流注。山路上，旅人驱赶着驮运的驮马缘溪前行。驮队的渺小映衬出巨石大山的雄伟，也为幽静的山林增添了生气，起到了点题的作用。画面中腰的山岚雾霭，把正面的山峰、中景的林木和寺观隔开，使得幽暗茂密的古木凸显在濛濛雾霭之前，拉开了山峰和低处山林的空间距离，营造出“孤峰露苍骨，疏木耸坚干”“冈原草木秀，溪谷云霞媚”的诗境。

《溪山行旅图》用笔坚劲有力，画面多用浓墨皴擦点画，不加晕染。以一种“昏黑中层层深厚”的技法刻画出山石、林木、屋宇、流水的质感和空间感。山石的轮廓以颤涩的侧锋线条确立体势，线条断续刚毅，如同铁条。石纹匀直方硬，以短条子式的雨点皴点簇而成。北方山石粗放浑厚的质感被表现得淋漓尽致。

北宋中期的画家王诜观赏李成和范宽的画作，认为二人是“一文一武”。由于李成的作品“墨润而笔精，烟岚轻动，如对面千里，秀气可掬”，谓之“文”；而范宽的作品则“如面前真列，峰峦浑厚，气壮雄逸，笔力老健”，谓之“武”。这幅《溪山行旅图》正是范宽风格的代表。在北宋之初，李、范的山水画各在一地执牛耳，所以郭熙说：“今齐鲁之士惟摹营丘（李成字营丘，山东人），关陕之士，惟摹范宽。”又有董源在江南，成鼎足之势。历代评论家把范宽、董源和李成并列为北宋山水三大家。“李成得山之体貌，董源得山之神气，范宽得山之骨法。”范宽画山石坚韧，所以说他重骨法，而且用墨深厚。范宽最大的影响是在北宋末年，南宋大画家李唐就是学范宽的，其《万壑松风图》风骨全似范宽。而整个南宋的山水画又皆出于李唐及其传派，范宽对后世的影响由此可见。明代唐寅、赵澄，清代王原祁等画家都取法于范宽。米芾更认为范宽的画品高于李成，称“本朝无人出其右”。董其昌跋《溪山行旅图》，将其评为“宋画第一”。徐悲鸿曾感慨道：“中国所有之宝，故宫有二。吾所最为倾倒者，则为范仲立《溪山行旅图》，大气磅礴，沉雄高古……章法突兀，使人咋舌。全幅整写，无一败笔，北宋人治艺之精，真令人倾倒。”

（有改动）

学法指引

这篇说明文可以按照学习《梦回繁华》的方法来阅读。关注标题，对说明顺序、说明方法逐一标注，留意语言特色。采用“追问探究法”和“重点品读法”学习：为什么标题为“北宋山水画的力作”？为什么采用这样的说明顺序？为什么使用这些说明方法？为什么使用这样的语言？

标题“北宋山水画的力作”之“力作”在《现代汉语词典（第7版）》中的解释为“精心完成的功力深厚的作品”，这一标题高度概括了《溪山行旅图》的地位。全文按照“背景—作者及其绘画风格的形成—画作内容—手法—作者成就及其影响”的思路写作，与《梦回繁华》的写作思路大体相同，也是逻辑顺序。第1段介绍背景、作者及其绘画风格的形成，让人对这一“力作”的由来有所认识，紧接着介绍画作内容，显得自然而然，对内容有所了解之后，再来理解第3段介绍的绘画手法也就不难了，最后介绍作者的成就及其影响，使“力作”的地位更加突出。本文各部分内容都体现“力作”这一主题。另外，本文第2段介绍画作内容，也如《梦回繁华》一文介绍《清明上河图》一样，空间顺序与逻辑顺序相结合，先用空间顺序介绍“山”，从“山顶”“山谷”到“山下”，再到山前的“溪流”和“旅人”，由远到近，层次清晰，介绍了“山”之后再介绍“画面中腰的山岚雾霭”，这是由主要到次要的逻辑顺序。本文运用了作比较、作引用、摹状貌、打比方、举例子等说明方法，各有用意。第1段把范宽的风格与南方画派的风格进行比较，第4段把李成与范宽“一文一武”进行比较，都是为了突出范宽画风的“雄浑”；文中大量引用其他文献的原话，使说明的内容更真实可信、更有权威性；第2段用摹状貌的说明方法，是为了更细致真实地向读者展现画作的精彩内容；第3段“如同铁条”是打比方的说明方法，说明画作“线条”“刚毅”；第4段列举南宋、明代、清代的一些画家，是为了说明范宽的影响之大。这些说明方法的使用，同样是为了体现“力作”这一主题。本文语言典雅优美，尤其是第2段摹写画作的内容，用大量的四字短语，读来满口生香，余味悠长，这样的语言特点，符合《溪山行旅图》这幅传世名作的特点。

重点品读第2段，这是鉴赏这幅画作的关键段落，也最能体现本文典雅优美的语言特色。品析作引用、摹状貌这两种说明方法，尤其是作引用多达18处，这是由本文的说明对象以及作者确定的写作主题决定的。要说明《溪山行旅图》"力作"的地位，引用历史文献的原话加以佐证是一个不错的选择，不仅增强了权威性，使文章内容真实可信，而且使文章内容更加丰富，增强了历史感、文学味、可读性。摹状貌的说明方法主要集中在第2段，按照合理的顺序，用典雅优美的语言对画作内容进行细致描摹，引导读者一步一步地体味出画作的精妙，让人印象鲜明深刻。

1. 下列关于本文的说法有误的一项是（　　）。

A. 这是一篇说明文，全文主要采用逻辑顺序，也兼用空间顺序

B. 第1段把李成的绘画与南方以董源为代表的画派作比较，突出范宽画风"雄浑"的特点

C. 作者认为，在绘画方面，范宽比李成、董源二人略胜一筹

D. 第2段引用诗句"孤峰露苍骨，疏木耸坚干""冈原草木秀，溪谷云霞媚"，体现了画作的意境美，使本文具有一定的文学色彩

2. 文章最后引用徐悲鸿的话有什么作用？

3. 本文第2、3段的内容能否调换？为什么？

（二）独闯天涯

阅读下面的文章，完成后面的训练。

山水画的开山之作

潘耀昌

山水画是中国传统绘画的重要内容，它兴起之后，成为中国传统绘画形式的主流，甚至有人认为"知山水画而知中国画"。从整个中国绘画史的发展来看，人物画成熟最早，其次是山水画和花鸟画。中国的山水画，到隋唐时，开始逐渐发展成为绘画分科门类中独立、成熟的一支。然而，可以引以为证的画作，恐怕只有隋代山水画家展子虔的《游春图》。在存世的山水卷轴画中，《游春图》是迄今

发现的年代最早、保存非常完整的一幅。其意义非同寻常。认识中国山水画，也就必须从此开始。

在东晋著名画家顾恺之那里，山水不过是画面人物、故事情节的背景，所以无论是章法布局还是造型比例都存在着严重的问题，古代画史评之为山水的描绘是“人大于山，水不容泛”，树木的描绘是“如伸臂布指”，就是说画家在处理画面中人与山水的关系时没有把握，远远没有掌握山与水以及树木的绘画技巧。而这幅《游春图》，于尺幅之内描绘了壮丽的山川和流连其中、乐而忘返的游客。图中展现了水天相接的广阔空间。青山叠翠，湖水融融，士人或策马山径或驻足湖边，仕女泛舟水上。人物众多却都栩栩如生，与自然山水恰当地融为一体。山水、树木表现真实，描绘了一幅熏风和煦、微波粼粼、桃杏绽开、绿草如茵、美不胜收的春游景色。

这幅画作，山水重着青绿色，山脚用泥金，山上小树直接以赭石写干，树叶以水沈靛横点，大树多勾勒而成，松树不细写松针，直以苦绿沈点，人物用粉点成后，加重色于其上，分出衣褶。画法虽显草率，且只用“勾”法而没有“斫”“皴”等画法，但青绿山水之体已初成，故后人多认为展子虔的绘画开唐代李思训、李昭道“金碧山水”一派。展子虔的画被后世视为“唐画之祖”是有根据的，与六朝山水画那种不合乎视觉自然比例的画法相比，《游春图》的处理显得匀称多了。尽管他的画面貌古拙，树枝缺少纵横抑扬、穿插多姿的变化，树叶也不及后人那样形状多样，云也勾得过于整齐——从技法上看，还处在山水画的滥觞期，但由于运笔比较成熟，所以他的画仍显得轻重有致，未用“皴”法却能画出山石树木的质感。《游春图》构图壮阔沉静，设色古艳，富有典丽的装饰意味，体现出承上启下的风格，也标志着山水画即将进入成熟期。

《游春图》的作者展子虔属隋代画家，历仕北齐、北周，入隋后官至朝散大夫、帐内都督。他除了工画山水、楼阁、车马外，兼擅人物、道释。他画马出神入化，立马有走势，卧马腹有腾骧起跃之感，画人则描法甚细，用色晕开面部，神采如生，与同时代著名画家董伯仁齐名。从后世著录中可以看出展子虔画作的题材十分广泛，从《法华经变相》《北极巡海图》《维摩诘像》《长安车马人物图》《弋猎图》《按鹰图》《人骑图》《人马图》《石勒问道图》《北齐后主幸晋阳宫图》《八国王分舍利》等画名中可见一斑。展子虔曾在长安的定水寺、灵宝寺、崇圣寺，洛阳的天女寺、云花寺、龙兴寺，以及江都(扬州)的寺院画过不少壁画，是个多产的画家。后世将他与东晋南朝的另三位名家并列，称为“顾(恺之)、陆(探微)、张(僧繇)、展(子虔)”。

(有改动)

1.下列关于本文的说法正确的一项是(　　)。

A.《游春图》的作者展子虔最擅长的是画山水

B.《游春图》是唯一一幅能够证明山水画在隋唐时期发展成为一个独立绘画门类的画作

C.本文描摹画作内容时，使用很多四字短语，富有文化气息，与《游春图》的内涵相符

D.本文主要采用逻辑顺序，没有采用空间顺序

2.本文第2段把顾恺之画中的山水与《游春图》进行比较，第3段把六朝山水画与《游春图》进行比较，这两段都用了作比较的说明方法，请分析这一说明方法的使用与本文标题之间的关系。

3.对作者的介绍，《梦回繁华》和《北宋山水画的力作》两文都在第1段介绍背景之后进行。本文最后一段是对作者的介绍，是否也能调换到第1段之后?

名师点拨

本文采用逻辑顺序进行介绍。先写山水画从绘画分科门类中独立出来这一背景，引出《游春图》是中国山水画开山之作的历史地位；第2段主要把顾恺之画中的山水与《游春图》中的山水进行比较，凸显《游春图》对于山水的布局、尺寸以及人与山水的比例关系都把握得比较好，突出了“开山之作”这一地位；第3段介绍《游春图》的画法，而且与六朝山水画的画法进行比较，指出虽然其画法显草率，但“轻重有致”“显得匀称多了”，而且从构图、设色等方面来看，都体现了“承上启下的风格”，再次突出了“开山之作”的地位；最后一段介绍画作作者及其成就，着重介绍展子虔技艺精湛且“画作的题材十分广泛”的特点，起补充交代的作用，让读者对展子虔有更清晰全面的认识，但对于本文的主题“山水画的开山之作”来说，属于次要信息。在介绍画作内容和画法时，兼用空间顺序，清晰明了，井然有序。本文的说明方法有作引用、作比较、摹状貌、举例子，都各自体现了说明对象的特征，突出“开山之作”这一主题。语言准确严谨、典雅优美：准确严谨主要体现在一

些限制性、修饰性的词语上；典雅优美主要体现在大量使用四字短语方面。大量的四字短语使句式整齐，读来满口生香，余味悠长，这样的语言风格同样是符合《游春图》作为中国传统文化内容这一特点的。

（三）剑指中考

阅读前面的《山水画的开山之作》，完成下面的训练。(19分)

1. 填空。(3分，每空1分)

本文主要采用的说明顺序是______________，具体顺序是：《游春图》的创作背景及其地位—《游春图》的内容及其与前代画作相比的成功之处—______________—__________。

2. 用简要的语言概括：为什么说《游春图》是中国山水画的开山之作？(4分)

3. 以下语句中的"迄今发现的"能否删掉？为什么？(4分)

在存世的山水卷轴画中，《游春图》是迄今发现的年代最早、保存非常完整的一幅。

4. 本文第2段主要采用了哪种说明方法？有什么作用？(4分)

5. 读了这篇文章，你认为可以从哪些方面欣赏一幅传世名画？(4分)

第三节

《大雁归来》及类文的学法指津

一 文本解要

（一）文本指要

《大雁归来》是统编教材（2017年版）八年级下册第二单元的课文，作者是美国生态学家利奥波德。本文所在单元的文章主要是事理性说明文，涉及物理学、地质学、生态学等领域。该文富有知识性、趣味性，情感浓郁，学习时应先厘清顺序，把握方法，再体悟情理。

（二）素养导航

1. 语言建构与运用

本文是一篇科学观察笔记，但富有文学色彩，笔法生动活泼，把大雁写得特点鲜明而富有情味儿。文章具有很强的知识性、趣味性和抒情性。

文章以时间为序说明了有关大雁的丰富的生物学知识。大雁是定期迁徙：11月南飞，3月北归；风雪无阻，昼夜兼程，笔直飞行；南飞时几乎一声不响，北归时低语欢叫。大雁的觅食：成群地喧闹着去玉米地吃玉米。孤雁共性：飞行和鸣叫频繁，声调忧郁，孤雁失亲，令人感伤。雁数奥秘：六六聚合，成家成群，4月集会鸣叫，5月集会渐少。文章是文艺性说明文，在叙述和描写中说明，在说明中兼用文艺笔调，科学而又具体地说明了大雁迁徙的过程和在春天的生活习性，既准确平实，又生动风趣，有利于激发读者的阅读兴趣，生动形象地呈现生物知识。文艺化的笔调，绘声绘色，情趣盎然，抒发了作者对大雁以及动物的喜爱之情。拟人、比喻等修辞手法的运用，使文章自然、亲切、生动可感，增强了可读性与感染力。

感知、品析、运用是语言建构的三个步骤。我们要学习这篇文章有序地说明、生动地说明、有感情地说明的方法，建构语言的三个层级。

2. 思维发展与提升

作者认知世界，阐释事理的思维模式与方法值得借鉴。在思维发展与提升方面，学习这篇文章时可以从学习比较思维入手，从大雁与燕子、主红雀、花鼠的对比中说明大雁迁徙的规律性。从大雁3月“低语欢叫”与11月“一声不响”的对比中赞美人类与动物“休战”的和谐之美。从群雁欢呼与孤雁哀鸣的对比中体现爱鸟者的感伤和害鸟者的自省。从开罗会议的“联合不可预期”与大雁的“用生命做联合”的对比中颂扬大雁的可敬，勉励人们向大雁学习联合的精神。

学习比较思维，既可以帮助我们读、写说明文，更可以帮助我们提高对自然世界、社会生活的认知能力。

3. 审美鉴赏与创造

本文的审美主要表现在自然、语言、情感等方面。自然之美，美在生物繁多，它们的形态、声音、习性各异，灵性各异，趣味各异，但它们和谐相处，组成了丰富多彩的世界；语言之美，美在生动，该文生动的比喻，亲切的拟人，诙谐与幽默，盎然的诗意都能给我们以美的享受；情感之美，美在真切而热烈，作者在字里行间流淌着对动物们的喜爱，对人与大雁休战的肯定，对春天的富足的赞美，对孤雁失亲的怜悯，对各国间的联合的期盼，对大雁迁徙的宏大气势和重要意义的颂扬。

在阅读中，我们要学习从这些方面去感受美好，体验美好。只有这样，我们的审美情感才能得到很好的升华。

4. 文化理解与传承

利奥波德提出了“土地道德”观点，呼吁人们以谦恭和善良的姿态对待土地。他试图寻求一种能够树立人们对土地的责任感的方式，同时希望通过这种方式影响到政府对待土地和野生动物的态度与管理方式。他在文中表述了土地的生态功能，以此激发人们对土地的热爱和尊敬，强化人们维护这个共同体的健全的道德责任感。作者认为大雁是人类的伙伴，动物使地球充满生机，充满乐趣，充满诗意。大雁的世界和人类社会一样是一个小世界，人类并非是地球的主宰者，应该珍爱、保护野生动物，并有义务维护大自然的和谐。

习近平总书记提出“绿水青山就是金山银山”，全社会都在建设“生态文明”，这就是在倡导人和自然“休战”，进而“联合、和谐相处”。我们也要践行“爱动物，爱自然，爱家园”的理念。

二 预习路径

阅读奥尔多·利奥波德的《沙乡年鉴》和亨利·戴维·梭罗的《瓦尔登湖》，用平等的眼光去看待大自然，用心去欣赏自然的智慧与美，并用行动和自己的笔“重建我们在其他地方正在失去的那些东西”。

三 学法指津

（一）任务驱动法

带着以下任务研读课文——写作顺序：时间、空间、逻辑顺序中采用了哪一种？或者采用了哪几种？判断的根据是什么？写作内容：说明了大雁的哪些信息？作者给我们写出了怎样的大雁？情感态度：大雁有哪些情绪或情感？作者对大雁的情感有哪些呢？拟人手法的运用使文章自然、亲切，增强了可读性，作者对大雁的命运的同情也洋溢在字里行间。语言品鉴：从用词、手法、内容、情感等方面品味语言。主旨探究：体会写作目的，获得认知，训练归纳，指导实践。

（二）线索梳理法

作者笔下的大雁究竟是怎样的？请试着以“什么时间，我看到了什么或者怎么样的大雁”的句式，用简要的语言为大雁加个定语，归纳大雁的特点，感知大雁的形象。自主阅读，逐段逐层分析，梳理出大雁的行踪及特点：3月，冲破暖流雾霭的大雁，黑夜能飞行200英里的大雁，知道很多事情的大雁；11月，南飞的一声不响的大雁，笔直飞行、坚定不移的大雁，知道冬天每时每地都可能遭到枪击的大雁；知道3月是休战时刻的大雁，3月初回故乡的、快乐的大雁，越来越多的大雁；用以衡量春天富足的大雁；成群地去玉米地旅行——觅食的大雁，用生命实现联合观念的大雁；在全世界吹起联合号角的大雁；在迁徙中洒下野性诗歌的大雁……失亲落单哀鸣的大雁；4月，夜间集会喧闹的大雁；5月，集会渐少的大雁。通过线索梳理，学生解读文本，并掌握类文阅读和写作的方法。

四 拓展致用

课外阅读《沙乡年鉴》，体会利奥波德文章中的自然知识、说明顺序、说明方法、语言风格、趣味情理。阅读一些关注鸟类、关注人与自然关系的文章。

(一)牛刀小试

阅读下面的文章,完成后面的训练。

不见大雁

刘长春

①鸟的天性是飞翔。在高高的蓝天之上,在烟波浩渺的江河湖海之上,在曲线优美的山脊之上……鸟儿不远千里万里地自由飞翔着。

②同时,鸟儿是最具灵性的。“倦鸟而知返”“笨鸟先飞”“穷秋南去春北归”。

③被我称作第二故乡的天台山,有一片莽莽苍苍的大森林。山下,终年不断走着一道清澈的溪流。听不到水波的喧闹,也看不见壮观的水势,就那么悠悠闲闲、不急不忙地流淌着。在地势低洼的山谷间,还形成了一个又一个的深潭,潭水下泄,汇入溪涧,然后流淌,流淌。

④一条清溪,优美地流了千年、百年。

⑤秋天的时候,溪流变得更加潺湲。阔大的水面如同深碧的颜料一样透彻清澄,水波闪烁着点点光斑……

⑥这个时候,数以万计的大雁从山那边,从树林间,从遥远的天际,一只衔接一只,一群簇拥一群,掠过阔大的水面,铺天盖地似的飞过来了!大雁们扇动着翅膀,拍打着晚霞,激溅着水花,然后亦飞亦落于清溪,壮观的场面,真应得王勃的名句:“落霞与孤鹜齐飞,秋水共长天一色。”在我的记忆中,还有那亦近亦远、亦断亦续的群雁飞鸣之声,犹如九天飘散的音乐,如泣如诉如歌,充斥于天地之间,这一切让人怦然而肃然。尽管时间好像流水一样地流过了三十年,可是那雁鸣的余音袅袅,至今不绝如缕于我的耳际。

⑦一条清溪,优美地流了千年、百年。现在,它还那样流淌着吗?群雁飞落清溪的场面还那样壮观吗?

⑧故乡相逢,又是在秋日西风夕阳送别的时候。

⑨可是,没有看见天边的几行雁字,也没有听到一声隐约的雁叫。还是儿子在上小学的时候,他一边朗诵着“秋天到,雁成行”的儿歌,一边奇怪地问我:“爸爸,大雁怎么还不飞来呢?”是啊!是啊!我们已经很长久没有见到春去秋归的大雁了。“衡阳雁去无留意”“雁不到,书成谁与”等一类的诗句,空留于发黄的书

页间和我们无奈的叹息中。而对孩子来说，一生都在远离自然的环境中进行，听不见鸟鸣，而只在书本上隔膜地读到关于大雁的故事，他们的生命将会是一种多么孤独与贫瘠的情景呢？他们多么想看见那从天外飞来的雁阵，一会儿排成"一"字，一会儿又排成"人"字，扇动着优美的翅膀，从眼前飞过。然后，兴高采烈地吹着口哨，也像鸟一样飞进课堂……

⑩可是，对于同样有着记忆的大雁来说，同样有着自己的苦恼与孤寂。

⑪也许它们早已厌倦了这古老的村庄一变而为闹市的喧嚣，以及这喧嚣所裹挟着的孤寂？

⑫也许它们被猎人无情的子弹击中，跌落于芦苇丛中或陷身于沙滩沼泽？

⑬然而，生态学原理却揭示着另一个更为严酷的事实：溪岸两边茂密的阔叶林带几乎在一夜之间被砍伐殆尽，只有几株形影相吊的芦苇在萧瑟的秋风中低吟，再加上上游水源的枯竭，昔日阔大无比的溪流早已被乱石荒沙挤成一条细细的狭长的水痕。没有了那片树林的嫩叶、细根、果子，无异于断绝了它们的食粮。

⑭大雁是有灵性的，它们只能选择适宜于它们生存的环境；同时，大雁也无法改变它的天性——飞翔，它们原是自由的鸟儿，为了生命的自由和自由的生命，远远地避开人群，飞走，远远地飞走，甚至不愿回来。

⑮自由的鸟儿选择自由地飞翔。从此，它们在我们的视野中悄然消失了。

⑯不知道是出于怀旧还是一种凭吊，昔日清溪落雁的旧址上建了一座名曰"落雁公园"的建筑，在它的周围又星罗棋布着一座座高高的群楼。在群楼之上凭窗遥望清溪的居民们，在夕阳余晖之中，能够看见群雁与落霞齐飞的情景吗？

⑰蓝天空旷，没有大雁飞过。

⑱天空寂寞，人也寂寞。

（有改动）

学法指引

本文从鸟儿的自由飞翔和富有灵性开文，极具诗情画意。其美的意境既引人入胜，又激发爱鸟之情。然后紧承前文，回忆故乡天台山清溪秋雁飞鸣，看到场面宏大壮观，不由得怦然心动；听到飞鸣所奏响的充斥天地间的"如九天飘散的音乐"则肃然而生敬意。

悦耳袅袅，这一切多么令人喜悦——作者祈愿那种美好永远流淌，永远壮观！然而作者重逢故乡，却无奈地发现已不见大雁，回忆与现实的反差多么巨大！远离自然，只能从书本上而不是身边感受到自然之美，这"孤独与贫瘠的情景"是殃及下一代的憾事，这也是大雁的苦恼与孤寂。

什么原因使大雁远离？是闹市的喧嚣、猎人的枪击、林木的砍伐、水源的枯竭，使有灵性、向往自由的大雁被迫选择了远离与消失！于是，作者痛苦地哀叹"天空寂寞，人也寂寞"。大雁不再飞过——天空怎能不寂寞！人们虽然建了"落雁公园"，却再也无法看见群雁与落霞齐飞的情景，孩子更是只能从书本上认识雁阵——人们怎能不寂寞！作者以此启示我们：人类过度伤害自然，其实是在自残和自毁，我们只有学会珍惜大自然，才能与自然和谐共处。用此句结尾，在表达上显得委婉含蓄又凝重深沉；同时留下了无限思绪，引人深思。

1."我"的感情变化过程可以用文中哪三个词来呈现？

2. 文中画线短语"孤独与贫瘠的情景"的含义是什么？

3. 文章结尾有什么好处？请简要分析。

（二）独闯天涯

阅读下面的文章，完成后面的训练。

人类捕鸟，灾难其后

林　森

①湖南省新化县槎溪镇乌坳村位于千年鸟道的罗霄山脉，是候鸟南飞的必经之地。近年来，这里已成候鸟迁徙路线上的一个断点，难以计数的候鸟丧命于此。有当地村民表示，有一天打下来的鸟就足有1吨。这条迁徙路线上，大多是小型鸟，每只只有100克左右，1吨差不多就是10000只野生鸟。

②多么令人惊心动魄的残忍的数字！殊不知人类的好日子很大程度上是通过鸟类的多种功能和作用来实现的。

③世界上85%以上的鸟类可以不同程度地捕食害虫，即便是小小的麻雀每

年也能捕食许多害虫。燕子能吃苍蝇、飞蛾和蚊子，啄木鸟能吃天牛幼虫，灰喜鹊能吃松毛虫等。1只大山雀在繁殖季节每天喂小鸟100余次，平均每窝按3只小鸟喂食，再加上大鸟自己的捕食，一天能消灭害虫400～500条，一窝大山雀在喂养幼鸟期间就可消灭害虫10000余条。在欧洲，1000只紫翅椋鸟在繁殖期间能消灭22吨蝗虫，而1吨蝗虫一天的食物量与2500人一天的食物量相当。猫头鹰和鹰等猛禽大多以老鼠等啮齿类动物为食，对控制农业、林业鼠害以及危险疫病的传播，有着重要的贡献。猫头鹰的食物中99%是啮齿类动物，1只猫头鹰一个夏季所消灭的老鼠，相当于保护了1吨粮食；一年所吃掉的老鼠等于保护了一两万斤粮食。以此观之，每年鸟儿吃掉害虫保护的粮食足以供给地球上的人们吃好几个月。

④鸟儿能够维护生物多样性，它们与其他动植物共同生活、相互依存。每消失一种鸟类，意味着与其伴生的90种昆虫消失，35种植物消失，2至3种鱼类消失。在鸟类与植物的共生关系中有一种特别重要的依存关系，即许多植物的种子是靠鸟类来播散的。雁鸭类、鸠鸽类以及啄木鸟、乌鸦等，是植物种子的重要播散者，而且，很多植物种子经过鸟类消化后，更容易萌生和成长。蜂鸟、食蜂鸟、太阳鸟、啄花鸟、绣眼鸟、鹦鹉等鸟类嗜食花蜜，对有花植物的传粉有重要而不可替代的作用。

⑤与渡渡鸟一样，大颅榄树也是毛里求斯的一种珍贵特产。但是渡渡鸟灭绝后，大颅榄树也渐渐稀少，最后彻底消失了。今天人们才知道，大颅榄树的种子必须靠渡渡鸟消化过后才能发芽，没有了渡渡鸟对大颅榄树种子的首先孕育和催化，大颅榄树就再也不会生儿育女和繁衍后代。由此，我们不难看出某种鸟类的灭绝与植物乃至人类的生存的关系。

⑥海鸟眼睛的盐腺，能把喝下去的海水中的盐分排出，据此人们就能把地球上占总水量97%的海水进行淡化。未来飞机的设计可以模仿蜂鸟实现垂直起降、空中悬停及掉头等特性。还有一些鸟类能飞越几千米的高空而保持脑血管供血畅通，不会缺氧，这也为人类提供了在供氧不足的高原环境中正常生活和延长生命的重要线索。

⑦鸟类每天吸入大量的空气，进食相当于其体重的食物。在呼吸和进食的同时，鸟类具有较强的富集有害物质的功能，空气和食物如果被污染，通过收集

第四节

《时间的脚印》及类文的学法指津

一 文本解要

（一）文本指要

《时间的脚印》是统编教材(2017年版)语文八年级下册第二单元的课文。本文所在单元的文章是描述科学现象，探索科学道理的说明文。本文的“时间”是一个地质学概念，是大自然变迁留下的“脚印”。本文主要的学习目标是学习课文中拟人等修辞手法及其作用，培养理性思考的习惯，激发学生探索大自然的兴趣。

（二）素养导航

1.语言建构与运用

本文语言“生动、有趣、含蓄”的特性是依靠拟人、比喻、排比等修辞手法来实现的。如开篇引用高士其的现代短诗，把时间拟人化，称它为“伯伯”，不仅亲切有爱，而且贴合孩童心理。文章开篇引用短诗，开门见山，消除读者对说明文的陌生感，巧妙地减少了科普文对读者的阻拒性，后文引出“时间”的地质学概念就自然而然、水到渠成了。文章为了说明石头在自然伟力面前并不是那样坚硬，反用熟悉的成语——“真的有‘海枯石烂’的时候”，语言生动形象、贴切有趣、通俗易懂，避免了说明文可能存在的枯燥乏味。语言含蓄，如“当然我们也不能忘掉人的作用”中的“作用”，是破坏性的，是建设性的，还是两者兼有呢？留给读者更多的思考空间去思考答案，去体会。

语言建构，既传递着某些领域的科学知识，又通过拟人、比喻、引用等修辞手法以及中性、含蓄的语言带给人美的享受，既准确严谨，又生动活泼，融共性与个性于一体，增强了科普文的可读性。

2.思维发展与提升

时间的“脚印”是大自然变迁的痕迹，痕迹是静态呈现的各种科学现象，大自然变迁的过程不能静态观察，而是地质学家和古生物学家经过动态的分析推断出的。本文将地质学和古生物学的相关知识联系起来，用辩证思维方式，静态观察现象，动态科学分析，阐明科学道理。安排的说明顺序、使用的说明方法，是依据事理说明的逻辑顺序确定的。文章先列举非生物的例子——侵蚀作用对岩石的破坏，新岩石的新生，地壳活动在新岩石上留下的印记等，再列举生物化石的例子，作者大量举例，精心安排的说明方法，使行文的逻辑顺序与人们的认知顺序一致，利于读者理解、接受。大量单句独立成段，非常醒目，意在提示内容重点、标示结构层次、承上启下，文脉清楚，便于把握。

用辩证思维看问题、看现象，把静态观察与动态分析结合起来，在语文活动中培养学生理性思考的习惯，发展思辨思维，激发探究兴趣，培养核心素养。

3.审美鉴赏与创造

本文是优美的“科学小品文”，审美鉴赏可从三个方面进行。一是自然传奇的美，文章引入概念，大量举例，展现变迁痕迹，是为了说明大自然时时刻刻都在“建设”和“破坏”，“海枯石烂”不是浪漫的童话，可真实地再现。岩石经过日晒霜寒、雨打风吹、酸类腐蚀、水流冲击、空气和生物的破坏、人的作用变成细小的石头，沉积而成新的岩石。地壳活动也在岩石上留下印记，生物化石更是历史的证人。毁灭与破坏、建设与新生、地壳的活动、化石的保存，岩石成了记录时间的原始的“钟表”和“日历”。这一切讲述着时间的流淌，显示出自然的伟力和神奇。二是修辞语言的美，大量运用拟人、比喻、排比等修辞手法，给枯燥生硬的科普文润色添彩，使其形象可感，亲切有趣，让读者获得美的享受。三是理性思考的美，事理说明文要阐明科学道理，须逻辑周密，语言严谨准确，体现求真的科学精神。文章用辩证思维静态观察科学现象与动态分析科学道理，把对历史的认识与对现实的思考结合起来，说明时间“脚印”的深广意义，引导大家“一步一步地走向地下的宝库”。

大多数自然科普文章，都有自然传奇的美。修辞语言要放在嘴里出声品读，才可感受生动有趣的情味。理性思考的美需要把握全篇构思，质疑问难，对比分析，才能体悟。

4.文化传承与理解

岩石可以记录时间，它是原始的“钟表”。通过岩石了解到大自然的大量信息，熟悉了这些石头的历史，便有可能踏着历史的脚印，一步一步地走向地下的宝库。

日出日落、四季更替……除了岩石，大自然还有许多记录时间的方式。这篇科普说明文带领我们走进神奇的大自然，用心去读好大自然这本无字的大书，努力寻找“地下的宝库”，传承一种文化，造福人类。

二 预习路径

预习时注意文章的说明顺序、结构层次，把不能解决的问题梳理出来，并找出文中的修辞句子，圈点批注，自主感受语言的特点和作用。

三 学法指津

（一）技巧使用法

本文主要运用了举例子、打比方、列数字等说明方法来说明时间是留下了痕迹的。在讲岩石的侵蚀、瓦解、搬运、沉积和新生时，就是举地壳活动在岩石上留下印记的例子，丰富课文内容，具体有力地证明了时间的痕迹，点明了题旨。标题“时间的脚印”就是一个典型的打比方的说明方法。“如果大量的水结成了冰，形成冰河，它缓慢地移动着，破坏作用就更大了，就好像一柄铁扫帚从地上扫过，刨刮着所遇到的一些石头”，形象说明，让我们更容易理解冰河对岩石的破坏作用，进而理解“时间的脚印”的含义。本文在解说事例时，还通过拟人、排比、引用等修辞手法来润色语言，脱离了说明文可能存在的枯燥乏味。巧妙运用修辞，增加文学色彩，文章生动感人。

（二）资料助读法

时间，虽然大家都很熟悉，却是说不清楚的，因为它是一个很抽象的概念。要真正认识时间的内涵，我们还需要借助一些例子，帮助理解。结合生活见闻，举一些“时间的脚印”的例子，让大家进行鉴别，看看是否能证明时间留下了印记。本文也补充一些例子，拓展学生对课文内容的理解，培养理性思考、自主探究的习惯，激发探索大自然的兴趣。思考一下，下面这些例子应该放在课文的什么地方比较合适？

◎九星连珠：经过一定时期，九大行星①会同时运行到太阳的一侧，会聚在一个角度不大的扇形区域中。人们把这种现象称为“连珠”。九星连珠最近一次是发生在1982年。

①指太阳系的内行星。按照离太阳的距离从近到远它们为水星、金星、地球、火星、木星、土星、天王星、海王星、冥王星。（注：2006年8月24日下午，在第26届国际天文联会通过第5号决议，由天文学家以投票方式将冥王星划为“矮行星”，从“行星”之列中除名。）

据计算,相隔375年后,到2357年,才会发生下一次九星连珠。

◎月相:在农历的每月初一,月亮以它黑暗的一面对着地球,并且与太阳同升同没,人们无法看到它。这时的月相叫“新月”。到了农历十五、十六时,月亮在天球上运行到太阳的正对面。从地球上看去,月亮的整个光亮面对着地球,这时的月相叫“满月”或“望月”。满月过后,随着日、月的位置逐渐靠近,月亮日渐“消瘦”起来,最后又重新回到新月的位置。月亮从新月位置到再次回到新月位置所需时间(月相的更替变化周期)平均为29.53天,称为“朔望月”。

◎化石:沈括在《梦溪笔谈》中记述了他当年考察太行山和浙江雁荡山时,在山地的岩壁间发现了许多卵石和螺蚌壳化石,从而证明这些地方古时候曾被大海所淹没。在五光十色的大理石上,镶嵌着许多美丽精致的花纹图案,有的像水中的波浪,有的像树木的年轮。这些花纹图案就是一种原始植物形成的化石,是七八亿年前一种水生藻类的遗体。

1964年,我国登山队员在8000多米的西藏希夏邦马峰上,发掘到一种巨大的海生动物鱼龙化石,距今已有2亿多年历史。鱼龙是一种生活在大洋中的巨型动物,体长10多米,凶猛而善游。这个发现再次证明整个喜马拉雅山在2亿多年前是一片苍茫辽阔的海域。

◎褶皱:坚硬的岩石具有弹性,当它受到地壳运动的强烈挤压、拉张和扭曲时,会把内力慢慢地在岩层里聚集起来,就像我们拉张弹弓一样。年长日久,这个力越聚越大,使得岩层承受不了重量而发生弯曲甚至断裂,这种现象被称为“褶皱”。地球上的褶皱是地球经历亿万年动荡留下的痕迹。

褶皱常常与油田联系在一起。有时,大的褶皱能形成窟窿状构造,就像把地壳“挤”出一座圆形仓库,它的内部成了良好的“储油罐”。世界上许多油田开采者都在抽取这种“油罐”中的石油,我国的大庆油田就是其中之一。

以上四个事例在课文中的助读位置:“九星连珠”“月相”放在第2段后,这两个事例属于天文学范畴;“褶皱”在第22段后,褶皱由地壳运动形成,放在这里补充说明地壳运动在岩石上留下的印记;“化石”放在第26段后,可以丰富我们对生物化石见证时间流逝的理解和感受。

四 拓展致用

课后继续探讨以下问题:气候炎热时期生成的石头是红色,寒冷时期生成的石头往往是灰黑色的原因;地质年代是怎样划分的,有什么特点?阅读陶世龙的《打开地下宝库的钥匙》《我们居住的星球》等作品。

(一)牛刀小试

阅读下面的文章,完成后面的训练。

______

陶世龙

①人有各种料子做成的衣裳,穿起来有的凉爽,有的暖和。

②地球也有各式各样的衣服,五颜六色,绚丽多彩,而且会随着岁月的更替而变易……

③蓝色的衣裳是海洋湖泊,起着冬天暖和,夏天凉爽的作用。这是因为水能吸收容纳的热量特别多。……当阳光强烈时,水把大量的热吸去,起了降低气温的作用;当天气转冷后,水又把热陆续放出来,使气温不致降得太低。

④地球上约有71%的面积遮盖着蓝色的衣裳,而在大陆上又有大约1/5的土地穿着黄色的衣裳,这就是沙漠或半沙漠地区,它使那里的气温热时特别热,冷时特别冷……起着与海洋完全相反的作用。在沙漠中,昼夜间的温差常常达到好几十摄氏度。

……

⑤大气是地球最重要的一件外衣,它拦截阻挡着太阳照射来的热,同时也阻拦地面的热向宇宙中散失。如果没有大气,被太阳照着的地方就太热了,而晒不到太阳的地方又太冷了……

⑥空气中含的水蒸气越多,吸收热的能力就越强,所以海洋上潮湿的空气比沙漠上干燥的空气更能吸热保暖,调节温度。

⑦在高山上,空气稀薄,水蒸气的含量少,热量来得虽多,去得也快……那里常常终年被冰雪所掩盖,穿起了白色的衣服。

⑧两极也是终年穿着白色衣裳的地区。那里因为所处地理位置的影响,阳光是斜射的。阳光在大气中旅行的路线长,一路上被阻挡掉的热就多,所以到达地面的热量少,因此两极的气候严寒。地面得到的热量已经少了,白色的衣裳更将这些热大量反射掉……这就使温度更低了。

⑨……地球上约有1/10的陆地终年穿着白色的衣裳。冬季,“千里冰封,万

里雪飘”,穿上白衣裳的地区就更多了……

⑩能够使地球上冷暖干湿更加适合人类需要的,是绿色的衣裳。植物掩盖着地面,掩盖得最密的是森林,它对改善气候起着重要的作用……

⑪地球的衣裳和气候的关系非常密切,因此我们要让它穿得合适。这是有可能做到的,目前也正在做。植树造林、合理密植就是在制作绿色的衣裳;修水库,扩大水田,就是为了使陆地上有更多的地区穿上蓝色的衣裳;这些工作的结果又都使黄色的衣裳逐渐减少……在宇宙飞船上天以后,我们对那看不见的最重要的地球外衣——大气,也将了解得更清楚,将来也有可能控制它,改造它。我们一定能使地球上的气候一天天变得更好。

(有改动)

学法指引

陶世龙先生是我国的地质学家,写了许多关于地质学方面的科普文。这些作品集科学性、知识性、趣味性为一体,这些优秀的科普文通俗易懂地讲述地球的许多科普知识,反映了科学家追求真理的探索精神和一丝不苟的科学态度,启迪人们要爱护我们赖以生存的地球。文章不仅具有一般说明文严谨、准确、精练的语言风格,而且通过拟人、比喻、引用、排比等修辞手法的运用,使文章语言生动、有趣、形象、通俗、易懂。

本文综合运用比喻、拟人和引用等修辞手法。文中写到海洋湖泊是地球冬暖夏凉的蓝色衣裳,沙漠是黄色衣裳,大气是保护和调节“体温”的透明衣裳,高山、两极终年穿着白色衣裳,植物是使地球冷暖更为舒适的绿色衣裳。这样奇特而巧妙的想象可谓别出心裁,读起来如同欣赏写景散文和抒情散文一般,亲切动人,如沐春风。文章采用严谨的“总—分—总”的逻辑顺序,运用了许多说明方法辅助说明科普内容。对于一个科学现象的成因,采用的是作诠释的说明方法,使这些比较简单易懂的科学知识更为人们所理解。通过许多数字,说明了各种“衣服”的大小等特点。全文都运用了分类别的方法,将地球的“衣裳”分为蓝色、白色、黄色、绿色,说明十分清晰明了。最吸引读者的莫过于所用的打比方的说明方法,脱离枯燥无味的说明语言风格,读来生动、有趣,这是本文趣味性的主要体现。还有作比较的说明方法,让我们更深刻地理解气候的冷热条件对地球的影响。

1.根据自己的理解,为本文拟写一个恰当的标题。

2. 文章第④段采用了哪些说明方法？它们分别有什么作用？

3. 文章第⑧段中，“旅行”这个词有什么好处？

(二)独闯天涯

阅读下面的文章，完成后面的训练。

怪风揭秘

邓万祥

①风是一种常见的自然现象，但是，大自然也造出了许多怪风……

②有一句俗语：“清明前后刮‘鬼风’”，这种所谓的“鬼风”能转着圈跟着人走。世界上当然是没有鬼的，这种风其实是一种尘卷风，它一旦遇到障碍物，便会改变前进的方向，在一个地方打转，有时它还挟带着泥沙、纸屑旋转上升。

③有一种叫“焚风”的风，最早是指气流越过阿尔卑斯山后在德国、奥地利和瑞士山谷出现的一种风。它的特点是热而干燥。实际上在世界其他地区也有焚风，如北美的落基山、中国新疆的吐鲁番盆地等。焚风主要是因为受到山脉阻挡时沿着山坡上升而形成的。……当受阻气流上升到山脊附近后变得干燥，然后在背风坡一侧顺坡下降，并以干绝热率增温。因此，空气沿着高山峻岭沉降到山麓的时候，气温常有大幅度的升高，从而形成焚风。……阿尔卑斯山脉在刮焚风的日子里，白天温度可突然升高20℃以上，初春的天气会变得像盛夏一样，不仅热，而且十分干燥，经常发生火灾，遇特定地形，还会引起局地风灾，造成人员伤亡和经济损失。

④在怪风家族里，还有一种叫“布拉风”的风，这种风具有飓风的力量而且无比寒冷。……经研究发现，这种可怕的风是由于陆地上空控制的冷空气团和不断上升的海上热空气之间的气压差而形成的。布拉风的风力可以达到12级，甚至更高，具有极强的摧毁力与破坏力。

⑤对人类危害最大的还得算台风。它既大刚又大柔，一边画圈一边大呼大啸大跃进。台风是一种形成于热带海洋上的风暴。太阳的照射使海面上的空气

急剧变热、上升,冷空气从四面八方迅速赶拢来,热空气不断上升,直到到达高空变为冷空气为止。这些热空气冷凝后,立即变为暴雨,四面八方冲来的冷空气夹着狂风暴雨形成了一个大漩涡,从而形成台风。它对人类危害极大,有时会把大树连根拔起,把房顶掀掉,伴随狂风而来的瓢泼大雨还会淹没庄稼、中断交通。海面上台风的破坏力更是惊人,它掀起滔天巨浪,威胁着海上作业人员和海上航行船只的安全。翻一翻苍茫历史,可知1970年11月12日,飓风曾“叩问”孟加拉湾,飓风上岸潮高约6米,顷刻之间20多万人丧生,100多万人无家可归。

⑥如果台风在空中产生带有垂直转轴的旋涡,就会形成龙卷风,这是一种强烈的小范围旋风,其破坏力远远大于台风。上海浦东地区就曾受到过龙卷风的袭击,那场风把一只11万吨重的储油罐轻而易举地抛到120米以外。

⑦怪风家族里的一些“微风”也具有一定的破坏力。一个晴朗的夏夜,一座70米高的铁塔在一声巨响中轰然倒塌了。当时除了阵阵微风外,没有任何异常情况,人们不知道铁塔为何而塌。后来人们才发现,当气流贴着物体流动时,会形成一个个的小旋涡,这旋涡会产生一种使物体左右摇摆的力,从而危及建筑物。建筑物的设计师们没有注意到这种微风的破坏力,那座铁塔就是被这微风吹倒的。

⑧怪风虽怪,但如果我们巧妙地加以利用,有些怪风也可以为人类造福。比如,人们在经常出现“钦罗克”风的地方种植一些作物和果树,便可利用“钦罗克”风带来的热量促进植物的生长,从而使当地也可种植一些原本要栽在南方的植物。同时,作物和水果的品质也得到了改善。由此看来,只要我们能够正确认识它们,就一定会找到兴利避害的好办法。

(有改动)

1.本文主要是从怪风的名称、______、______、______这四个方面对各种怪风进行揭秘的。

2.本文用到了哪些说明方法?请任意列举两种,说说它们的作用。

3.回顾初中学过的科普文,并结合本文说说科学家们通过对大自然的探索对人类的生产、生活有什么意义。

名师点拨

本文是一篇结构十分清晰的说明文:第①②段总说各种各样的怪风;第③—⑦段分

别具体介绍各种怪风的特点、形成的原因以及对人类造成的危害；第⑧段总结全文，讲利用好怪风对人类的意义。作为一篇科普文，本文采用严谨的逻辑顺序，用语准确、精练，按照“总—分—总”的关系来说明对象。说明过程中，用到分类别、列数字、举例子等说明方法来说明各种怪风。例如，第③—⑦段分别介绍焚风、布拉风、台风、龙卷风、微风等几种怪风；又用一系列数字来说明各类怪风的发生时间、特点、形成过程、对人类的危害等；还有，“比如，人们在经常出现‘钦罗克’风的地方种植一些作物和果树，便可利用‘钦罗克’风带来的热量促进植物的生长，从而使当地也可种植一些原本要栽在南方的植物”一句，举例说明了巧妙利用怪风兴利避害对人类社会的作用。许多事物都是一把双刃剑，大自然在给人类带来危害的同时，也能被人类巧妙利用，为人类服务。

(三)剑指中考

阅读邓万祥的《怪风揭秘》，完成下面的训练。(20分)

1.第①段有何作用?(4分)

2.第③—⑦段的顺序可否调换？说说你的理解。(4分)

3.第⑤段中加点的字能否删去，为什么?(4分)

4.“上海浦东地区就曾受到过龙卷风的袭击，那场风把一只11万吨重的储油罐轻而易举地抛到120米以外。”这句话运用了什么说明方法？其作用是什么？(4分)

5.你知道大自然中有哪些科普现象？请用合适的修辞手法生动、有趣地描述一种。(4分)

第四章

散文类(古代)文章学法指津

第一节

《核舟记》及类文的学法指津

一 文本解要

(一)文本指要

《核舟记》是统编教材(2017年版)语文八年级下册第三单元的课文,选自清代张潮编的《虞初新志》。本文所在单元的文章以记事、记游、记物为主,“核舟记”是记“核舟”此物的,也可理解为说明性的文章。本文语言简洁、准确又细腻生动,结构层次分明,说明顺序严谨,让人感受到雕刻匠人高超的技艺以及作者呈现核舟之美的巧妙用心。

(二)素养导航

1.语言建构与运用

学习文言文,需要积累常见文言实词的含义、虚词的含义和用法、通假字、一词多义、古今异义、词类活用、特殊文言句式等。《核舟记》一文,需要掌握的重点词就很多,以下列举一二:通假字,如有(通“又”)、诎(通“屈”,弯曲);一词多义,如为(雕刻;是)、可(大约;可以);古今异义,如卧(古义:使……平放;今义:躺下,躺着的样子)、比(古义:靠近;今义:两个事物进行比较);词类活用,如峨冠(名词用作动词,戴着高高的帽子)、石青(名词用作状语,用石青);糁(名词用作动词,涂染);重要虚词,如而、以、之等。还有特殊文言句式,如兼有判断和省略的句式:盖大苏泛赤壁云(“盖”,副词,相当于“大概、大概是”,表判断;主语为“核舟”,省掉了);判断句:中轩敞者为舱,中峨冠而多髯者为东坡(用动词“为”表示判断);倒装句:尝贻余核舟一(“尝贻余一核舟”的倒装),细若蚊足(“若蚊足细”的倒装),盖简桃核修狭者为之(“盖简修狭桃核者为之”的倒装)。值得注意的是文言文常把“有”(“又”的假借)字放在整数和零数之间,如“为字共三十有四”,现代汉语则不用,翻译时可直接删掉;而表示约数的时候,通常在整数后加“余”“所”“许”“有余”等表示,如

"高可二黍许"。文言文的数词与名词常直接搭配，中间不用量词，一种是数词直接放在名词之前，重点强调名词，如"船头坐三人""苏、黄共阅一手卷""舟尾横卧一楫""通计一舟"；另外一种是数词直接放在名词之后，重点强调数词，如"又用篆章一""为人五""为窗八""为念珠各一""为字共三十有四"。翻译时可补充出量词。

积累文言词语、句式，是学习文言文的一个重要方法。每课一积累，对学会阅读其他文言文，汲取我国古典文学的精髓有着重要的意义。

2.思维发展与提升

"核舟"能不能"记"真实，就看作者能否准确描摹并清晰呈现出核舟的全貌。作者的介绍除了语言必须简明准确外，还要考虑合理的描摹顺序。首先，作者采用"总—分—总"的大框架：先从王叔远的雕刻技艺说起，再具体介绍核舟各部分，最后统计整个核舟所刻物件。其次，在说明核舟整体时，作者摒弃了船头、船舱(船中)、船尾的常规顺序，考虑了观察者的视觉主体一定是"轩敞"的船舱，所以先说船舱，再说船头、船尾，这是由主到次的安排。在说明核舟上所刻的人物时也同样按照由主到次的顺序，先讲苏东坡、黄鲁直、佛印三个主要人物，再讲舟子这两个陪衬人物。最后，作者还考虑到了核舟的空间方位，所以安排了先说核舟正面，再说背面。

作者精心设计如何"记"核舟，既考虑了视觉习惯，又遵循事物逻辑，层次鲜明，顺序井然。厘清文章说明顺序，并从中学会安排事物的说明顺序，这是发展与提升逻辑思维和空间思维的有效手段。

3.审美鉴赏与创造

一个桃核，能"奇巧"成舟，舟上所刻的物、人、文、景"各具情态"，且所刻"物"之多与核舟"曾不盈寸"的"长"形成鲜明对比，让人叹为观止！可抓住"奇巧"二字，鉴赏核舟雕刻技艺之美、构思之妙。有人说："明代雕刻匠人王叔远的核舟，因为有明末著名的文学家、江南才子魏学洢的《核舟记》而流传千古。"真是"舟以文显，文以舟名"，魏学洢描摹核舟的成功可见一斑。细品本文语言，特别是那些格外生动的描写文字，有着无限韵味。如核舟上人物的动作、神态描写，"苏、黄"二人(执、抚、指、如有所语)与佛印(矫首昂视、卧、诎、竖、倚)的动作神态有一动一静的变化之美；两个舟子有动静相衬的情趣之美，右边舟子的动作为静("倚""攀")，神态为动("若啸呼状")，左边舟子的动作为动("执蒲葵扇"用扇子扇风，"抚炉"用手抚炉或试水温)，神态为静(视端容寂)，同样是明月高悬，一个似大声惊叹，一个则安然若素。

作者“记”核舟如此生花妙笔,得益于他精细的观察、动静结合的描摹,以及创造性的想象。“如有所语”“若啸呼状”“若听茶声然”,让一种灵动的生活情趣跃然纸上,使文章气韵生动,具有了艺术小品文的特点。这种审美的创造也启迪着我们在学习和生活中发现美、创造美。

4. 文化传承与理解

魏学洢在《核舟记》中热情赞叹了王叔远巧夺天工的雕刻技艺(开篇就是“奇巧人”称呼,文末盛赞“技艺灵怪”,古人称鬼神为“灵”,妖物为“怪”),我们能从中感受到我国微雕艺术的惊人成就。而核舟主题“大苏泛赤壁”,也有深厚的文化内涵。宋神宗元丰二年(1079年),苏轼因“乌台诗案”(被诬陷以诗诽谤朝廷)获罪入狱半年,出狱后流放到黄州(现湖北黄冈市)担任团练副使,他谪居黄州时为排解内心的孤寂苦闷,多次到黄州城外的赤鼻矶(黄州赤鼻矶并不是三国时周瑜火烧曹军的赤壁。三国赤壁在现在武汉的上游,黄州赤鼻矶在武汉下游。黄州的赤壁却因苏轼获得“东坡赤壁”的美名)游览,用文字寄托自己对宇宙人生的深沉感悟,更是写下了“超绝古今”的两赋一词——《赤壁赋》《后赤壁赋》《念奴娇·赤壁怀古》,让后世文人墨客推崇敬仰。在人生命运悲苦而产生孤独、悲哀和痛苦时学会自我超脱,这样的心灵拯救正是中华传统文化中坚忍不屈的精神意志的体现,它深远地影响着我们今天的心灵抉择。

通过反复诵读此文,我们在对古代民间艺人精湛的微雕技艺击节赞叹的同时,心底不由产生浓烈的文化认同与自豪感。在“大苏泛赤壁”的典故中,我们还能领略到苏轼旷达的人生境界,并学习他用淡泊乐观的心态面对现实生活,面对人生中那些悲凉的境遇。

二 预习路径

我们可在课前快速阅读全文,借助注释和工具书,弄懂文句意思,整体把握课文的基本内容,并查阅苏轼、黄庭坚、佛印的相关材料,了解“大苏泛赤壁”的故事及我国微雕艺术的发展。特别注意作者如何准确简明且层次清晰地介绍,并体会文章描摹核舟细微之处时语言的生动性。

三 学法指津

(一)资料助读法

1. 认识微雕

微雕,是中国传统工艺美术中最为精细微小的一种工艺品。明代时,微雕真正成为一门艺术并达到全盛时期,从皇帝官宦到普通百姓,都流行把微雕艺术品与玉器、扇坠等佩饰摆在一起炫耀。但桃核一直被视作果核雕刻的禁区,因为桃核外表是不规则的麻纹,里面又有无数小孔直通核心。而要把桃核雕刻为核舟,更是极为艰难,选料可能就是万中选一。相传明代仅王叔远一人敢雕刻桃核。

《核舟记》里的核舟到底多大呢?“舟首尾长约八分有奇,高可二黍许”,教材注释中有参考:“一说,古代一百粒黍排列起来的长度为一尺,因此一个黍粒的长度为一分。”借用元明两代基本相同的“一尺长约24.5厘米”的标准可进行估算:一分长约0.245厘米。因此,本文所记核舟长约1.96厘米,高约0.49厘米。

2.关于“记”

古代散文的一种文体,可记人物事件、山川名胜、器物建筑,即叙事、写景、状物都可,既能抒发情怀抱负,又能寄景抒情,托物言志,阐述某些观点,故又称“杂记”。根据所记对象,可分为杂物书画记、山水游记、(亭)台(楼)阁名胜记。

(二)结构分析法

说明文常见的结构形式有并列式、连贯式、递进式和总分式,事物说明文往往多采用“总—分”式,其中“分”的部分又常按并列式安排。本文说明“核舟”是“总—分—总”的结构形式,“分”的部分是并列结构,说明顺序有逻辑顺序,也有空间顺序。

第一部分(第1段):概述王叔远的精湛技艺以及核舟的由来和内容。

第二部分(第2—5段):详细描述核舟,用事实说明雕刻者技艺的精湛。

核舟主体(正面)
- 第2段:介绍体积、船舱。顺序:先中间再两边(先右后左)
- 第3段:介绍船头(三人)。顺序:先中间再两边(先左后右)
- 第4段:介绍船尾(舟子)。顺序:先右后左

↑

(主)

↓

(次)(背面)第5段:介绍船背

第三部分(第6段):总括核舟上雕刻的人、物的种类和数目,再赞王叔远技艺的精湛。

(三)语言品味法

《核舟记》生动再现了核舟这一精美的艺术品,语言有简洁性、准确性与生动性相融合的特点。作者在第2段仅用70来字就交代了核舟的形体大小、舱、窗、雕栏、刻字等特

征,如果稍一啰唆,就不是如此简洁的语言可以说明清楚的,若用词不当则不能准确描摹核舟,比如"旁开""启""闭""右刻""左刻"这些词,就交代得十分准确。再把原文"舟首尾长约八分有奇,高可二黍许"和改文"舟首尾长八分,高二黍"比较,则可品味出原文中的"约""有奇""可""许"四个词用得很有分寸,如果删掉这几个词,就表示确定核舟长度为"八分",高度为"二黍",这与实际情况(核舟大小只是作者的估量)不符合,再次体现了文章语言的准确性。而在描摹核舟人物时,作者主要用了化静为动、动静结合的方法,把静态的人物描写出了动态之美,人物逼真的神态得以彰显。

四 拓展致用

题目有"记"字,可以是游记,也可以是碑记(或铭记)。《核舟记》与其所在单元前两篇"记"有所不同:《核舟记》是记"核舟"这件工艺品,多用简洁准确的说明性文字,兼有生动传神的描写;《桃花源记》《小石潭记》是记的"桃花源""小石潭"的实地实景,以描写为主。虽同为文言文中的杂记体,却是风格迥异的两类文章。

(一)牛刀小试

阅读下面的文章,完成后面的训练。

核舟记(节选)

通计一舟,为人五;为窗八,为箬篷,为楫,为炉,为壶,为手卷,为念珠各一;对联、题名并篆文,为字共三十有四。而计其长曾不盈寸。盖简桃核修狭者为之。

魏子详瞩既毕,诧曰:"嘻!技亦灵怪矣哉!《庄》[①]《列》[②]所载,称惊犹鬼神者良多。然谁有游削于不寸之质,而须麋了然者?假有人焉,举我言以复于我,亦必疑其诳,乃今亲睹之。繇[③]斯以观,棘刺之端,未必不可为母猴也[④]。嘻!技亦灵怪矣哉!"

[注释]①《庄》:指战国中期庄子及其后学所著《庄子》,想象奇特,文笔变化多端,并采用寓言故事形式,富有幽默讽刺的意味。②《列》:指郑人列御寇所著道家重要典籍《列子》,该书寓道于事,每一篇均由多个寓言故事组成。③繇:同"由"。④棘刺之端,未必不可为母猴也:在棘木刺的尖端,未必不能雕刻出母猴来。"棘刺母猴"是《韩非子·外储说左上》中的一个典故。

学法指引

选文第2段两次把王叔远的技艺与鬼神妖物相比，无不显出在作者心中，王叔远雕刻的作品鬼斧神工。我们可用结构分析法梳理作者的思路：首先直接将王叔远与《庄子》《列子》笔下的奇人奇技相比，称赞王叔远雕刻核舟的技艺“犹鬼神”；接着现身说法，写出如果没有实物印证连自己也不会相信的心理状态，突出王叔远的技艺之妙；最后反用“棘刺母猴”的典故，盛赞王叔远技艺之高超。在此基础上，作者再次发自内心地啧啧盛赞：“嘻，技亦灵怪矣哉！”

《虞初新志》选材以“奇”为原则，“叙次生动，觉人奇情跃然纸上”，又提出“事奇而核”，此处的“核”是按事物真实存在的面目加以反映的意思。通观《核舟记》(完整内容)，开篇即表明了所写之事的真实，叙述了自己与核舟雕刻者的交往(“尝贻余核舟一”)，而文末又两次赞曰“技亦灵怪矣哉”，似在暗示这个核舟会被后世赞叹，首尾两段形成呼应，都含有较为自得之意。从表达方式看，选文第2段(选入教材时被删减的文字)属于抒情、议论，又与前文记叙、描写、说明浑然一体，更完整地表现了“记”文抒发情感或发表见解的重要特征。

1.解释下列加点字。

(1)三十有四 (　　)　　(2)详瞩既毕 (　　)

(3)假有人焉 (　　)　　(4)必疑其诳 (　　)

2.用现代汉语翻译下列句子。

(1)盖简桃核修狭者为之。

(2)然谁有游削于不寸之质，而须麋了然者？

3.选文第2段文字是如何赞美雕刻者的高超技艺的？试分析作者的写作思路。

(二)独闯天涯

阅读下面的文章,完成后面的训练。

核工记

〔清〕宋起凤

季弟[1]获桃坠一枚,长五分许,横广四分。全核向背皆山,山坳插一城雉[2],历历可数。城巅具层楼,楼门洞敞,中有人,类司更卒[3],执桴[4]鼓,若寒冻不胜者。枕山麓一寺,老松隐蔽三章[5],松下凿双户,可开阖。户内一僧,侧首倾听,户虚掩如应门[6],洞开如延纳[7]状。左右度之,无不宜。松外东来一衲,负卷帙踉跄行,若为佛事夜归者。对林一小陀,似闻足音仆仆前。核侧出浮屠[8]七级,距滩半黍,近滩维一舟,蓬窗短舷间,有客凭几假寐,形若渐寤然。舟尾一小童,拥炉嘘火,盖供客茗饮也。舣[9]舟处当寺阴,高阜钟阁踞焉。叩钟者貌爽爽自得,睡足徐兴乃尔。山顶月晦半规,杂疏星数点。下则波纹涨起,作潮来候,取诗"姑苏城外寒山寺,夜半钟声到客船"之句。

计人凡七:僧四,客一,童一,卒一;宫室器具凡九:城一,楼一,招提[10]一,浮屠一,舟一,阁一,炉灶一,钟鼓各一;景凡七:山水、林木、滩石四,星月灯火三。而人事如传更、报晓、候门、夜归、隐几、煎茶,统为六,各殊致殊意,且并其愁苦、寒惧、疑思诸态,俱一一肖之。语云:纳须弥[11]于芥子,殆谓是与?然闻之,尺绡绣经而唐微,水戏荐酒而隋替,器之淫也,吾滋惧矣。先王著《考工》,盖早辨之焉。

[注释]①季弟:最小的弟弟。②雉(zhì):城墙垛子。③司更卒:管理打更的更夫。司,管理。④桴(fú):鼓槌。⑤章:量词,相当于"棵"。⑥应门:应声开门。⑦延纳:接纳,请进的样子。⑧浮屠:宝塔。⑨舣(yǐ):停船靠岸。⑩招提:寺院。⑪须弥,佛教中传说的山名。

1.解释下列加点词。

(1)长五分许　(　　)　　(2)历历可数　(　　)

(3)近滩维一舟　(　　)　　(4)拥炉嘘火　(　　)

2.用现代汉语翻译下列句子。

(1)松外东来一衲,负卷帙踉跄行,若为佛事夜归者。

(2)纳须弥于芥子，殆谓是与？

3. 文章第2段对桃坠上所刻事物进行统计说明，是否多余？为什么？

名师点拨

1. 根据语境语情判断，“许”“历历”二词同《核舟记》中的用法一致，“许”为数词，表示大约的数量。“历历”形容清晰分明。“维”放在“近滩”(表地点)之后，“一舟”(名词短语)之前，排除其名词中的“角落”义项和动词(通“惟”，思考)用法，而其名词义项中还有“系物的大绳子”之义，此处恰可理解为名词活用为动词(用绳子系，用绳子拴)，后接宾语“一舟”。“嘘”的解释同现代汉语一致，缓缓吹气。

2. 文言文翻译以直译为主，意译为辅，要将原文中的每个字词落实，做到文从字顺。(1)“东”，方位名词，意为“东面”；“一衲”翻译时补充出量词；“负”为背；“卷帙”指佛经；“踉跄”本是行走不稳或行走缓慢的样子，但结合语境分析，前文有一僧于屋内“侧首倾听”，似在倾听人的足音(在等人)，表明僧很焦急，后文有“对林一小陀，似闻足音仆仆前”，“踉跄行”“仆仆前”意在表明情事紧急，此处“踉跄行”应用意译法翻译；“为”接宾语“佛事”，译为动词，参加。(2)“纳”为容纳；“须弥”指须弥山；“芥子”是芥菜子；“于芥子”修饰动词“纳”，现代汉语语序是“于芥子纳须弥”；“殆”放在句首，为副词，译为大概、恐怕；“谓”译为说；“是”译为此，这种情形；“与”，同“欤”，句末语气词。

3. 此段写法与《核舟记》末段相似，是用桃坠上雕刻物品之多，与前文所写桃坠形体之小形成鲜明对比，突出此桃坠的精巧绝伦，雕刻匠人技艺之高。

(三)剑指中考

阅读【甲】(课文《核舟记》第3段)【乙】(宋起凤的《核工记》)两个文段，完成下面的训练。(15分)

1.《核舟记》选自清代人______________编选的笔记小说______________。(2分)

2. 解释下列加点字。(4分)

(1)绝类弥勒 (　　)　　(2)诎右臂支船 (　　)

(3)隐几、煎茶 (　　)　　(4)俱一一肖之 (　　)

3. 用现代汉语翻译下列句子。(4分)

(1)其两膝相比者,各隐卷底衣褶中。

(2)季弟获桃坠一枚,长五分许,横广四分。

4.【甲】文介绍核舟船头三人是用_____顺序和_____顺序。【乙】文的说明杂而不乱、条理清晰,第1段是用_____顺序介绍桃坠的主体部分,且对桃坠上的人物神态也有生动的描写,如“______________”。(3分)

5.【甲】【乙】两文都表现了我国民间传统匠人高超的技艺,请为保护或者传承这样的微雕技艺写两条合理的建议。(2分)

第二节

《马说》及类文的学法指津

一 文本解要

(一)文本指要

《马说》是统编教材(2017年版)语文八年级下册第六单元的课文,作者是唐代的韩愈。文章所在单元的文章有情趣、理趣,涉及精神追求、理想期望和对人生存状态的关怀。该文是一篇说理性散文,借说马来阐释一个道理,说理形象,气势十足,语言精练,文采飞扬。

(二)素养导航

1.语言建构与运用

《马说》只有151个字,可谓字字珠玑,我们可在逐字逐句疏通文意的过程中积累文中重要的实词、虚词。如重点实词:骈(本义为两马并驾,引申为并列),且(犹,尚且),等(等同,一样),临(面对),道(正确的方法)等;通假字:食(同“饲”,喂),见(同“现”,表现),材(通“才”,才能);词类活用:尽(形容词作动词,吃尽;形容词的使动用法,使……竭尽),策(名词作动词,用马鞭驱赶)等。本文虚词使用极具特色,如语气助词“也”、感叹词“邪”“呜呼”和连词“然”“而”“虽”等,朗读时注意揣摩其语气特点和表达出的某些微妙意思,感受文章节奏鲜明且一唱三叹的韵味。

本文因为说理,还产生了许多名言。如“世有伯乐,然后有千里马”,这个命题虽不合逻辑,却因韩愈的创造,成为发人深省的名言警句,更引发了无数人的共鸣:世上有伯乐这种知识和本领的人太少了。

2.思维发展与提升

《马说》是一篇说理文,但它不直接说穿观点,而是通过直观的事实(描述千里马的遭遇)来隐喻说理,易于读者接受。全文共三个层次:第一段亮观点——世有伯乐,然后有千里马,指出了伯乐对千里马的决定性作用;第二段摆现象,描述千里马的遭遇,也表明了千里马施展才能必需的各种条件;第三段点原因,千里马之所以有这样的遭遇,是因为食马者"不知"千里马,且暗示出"策之以其道,食之尽其材,鸣之通其意"的对待千里马的正确方法。这三个层次就是本文的逻辑思维框架,且每个层次中还有严密的说理逻辑。比如开篇第一句"世有伯乐,然后有千里马",其实这个说法是唯心的,伯乐与千里马都是客观存在,伯乐对千里马起决定作用仿佛是不能成立的,但是作者立即用千里马(常有)和伯乐(不常有)数量的悬殊来证明,并由此推导出一个结论:千里马被埋没不可避免。接着下文就围绕这一点对千里马悲惨的遭遇进行形象的描述(第2段),并为第3段嘲讽食马者张本。

作者用强大的逻辑推理能力,掷地有声地摆出论述中心,又环环紧扣,反复论证,气势如虹。文章表面谈"马",却处处谈"人才",这种比喻说理的方式寓意深婉,在层层蓄势中产生了尺幅千里的丰沛感染力,让读者无不点头认可。我们的形象思维和逻辑推理思维在此过程中得以发展、提升。

3.审美鉴赏与创造

古代诸子散文所承载的圣贤先人的思想光辉,是通过飞扬的文采来表达的。韩愈"以诗为文",所写文章常常有诗的情调或韵味。《马说》这篇说理散文就是一个印证。首先,文章只讲事实而不直接讲大道理,可算作诗的写法;其次,表意简洁、含蓄、精练(比如多次提到"千里马",却不显得啰唆),又有气韵十足的排比句(如"食不饱"三句,"策之不以其道"三句),再加上虚词的妙用,使文章既有气势又像诗一样易于诵读。这些都彰显了作者驾驭语言的高超能力。

在日常习作、口语交际中,学习运用《马说》精练且不失充沛情感的表达,或安排灵活多变的句式,或用隐喻方式来说理,可大大增强语言的表现力。

4.文化传承与理解

古代散文虽离我们比较久远,但其中蕴含的精神财富更是广博、丰厚,若能历经艰难而窥一斑,必能在古人的哲思与情怀中获得精神的启迪。一篇《马说》,让我们看到在封建社会,很多像千里马一样的人才常哀叹生不逢时,不能施展自己的抱负。韩愈的呼告可以说代表了封建时代所有文人士子"不平则鸣"的愤懑,那种对健全的人才制度的热切期盼刺激着每一个士人的神经,有多少人"欲济无舟楫"而"徒有羡鱼情"呢?

"勇者竭其力,仁者播其惠,信者效其忠"是古代圣明贤君追求的施政境界,"物尽其用，人尽其才”是现代社会崭新的时代氛围，人才实现自身价值的时代环境已经具备。新的时代更是在呼唤“千里马”，作为生命个体，一定要充实、发展自我，努力成为拥有真本领的人才，去共同描绘九州大地生气勃勃的繁荣景象。

二 预习路径

本文篇幅短但可读性强，文字不算艰深且易于成诵。同学们在预习时，借助工具书和课文注释读准字音，明确句读，做到基本成诵。在感知课文大意后，注意揣摩作者表达的情感。朗读节奏如下：

世/有伯乐，然后/有千里马。千里马/常有，而/伯乐/不常有。故/虽有名马，祇/辱于/奴隶人/之手，骈死于/槽枥之间，不以/千里称也。

马之/千里者，一食/或/尽粟一石。食马者/不知/其能千里/而食也。是马也，虽有/千里之能，食不饱，力不足，才美/不外见，且/欲与常马等/不可得，安求/其能千里/也？

策之/不以其道，食之/不能尽其材，鸣之/而不能通其意，执策/而临之，曰：“天下/无马！”呜呼！其/真无马邪？其/真不知马也！

三 学法指津

（一）背景助读法

“大凡物不得其平则鸣”（韩愈《送孟东野序》），《马说》大约作于贞元十一年至十六年（795—800）间。当时韩愈仕途初进，胸怀一腔热情与抱负，无奈“待命”40余日，上书宰相请求提升重用“而志不得通”，三次登门却被守门人拦住不得进，这种情景就像是千里马不遇伯乐啊！韩愈依然心忧天下，继续寻找施展才华的机会，后相继在宣武节度使董晋、武宁节度使张建封幕下，但最终仍是郁郁不得志。当他看到众多像他一样的有才之士，只能在奸佞当权、政治黑暗的朝廷苦苦挣扎时，不由发出了“其真无马邪？其真不知马也”的讽刺、针砭和控诉。

（二）朗读品味法

朗读文言文，首先是要读准节奏。一般说来，文言句子的语法结构与现代汉语大体相同。文言句子的朗读停顿往往在主谓之间或动宾之间，如“世/有伯乐”“千里马/常有”“才美/不外见”。句首含语气词，可在语气词后停顿，如“其/真无马邪？”中的“其”增强了诘问的语气。若是句首出现表假设、转折等连词也可在这些词后面停顿，如“而/伯乐/不常有”“故/虽有名马”“且/欲与常马等/不可得”。在句中起舒缓语气作用的“之”后也可停顿，这样可使这个句子读来不急促，并产生缓急相衬的变化，如“策之/不以其道，食之/不能尽其材，鸣之/而不能通其意”。

朗读品味时，还要注意文中跟语气表达有关的助词、连词、副词和叹词，要努力揣摩其语气，如果自己就是作者，应该用什么语气来读呢？比如文中的“也”，就有丰富的情思，“不以千里称也”的痛恨惋惜，“安求其能千里也”的愤怒谴责，“其真不知马也”的深刻嘲讽；再比如，作者把千里马“常有”与伯乐“不常有”形成数量上的鲜明对比时，一个“而伯乐不常有”中的连词“而”，就有作者深深的惋惜；还有叹词“呜呼”的惊叹似呼告，也代表着作者喷涌而出的强烈悲愤！

(三)形象塑造法

中国文人喜欢借用客观事物以抒发主观的情思，即使是一个深刻的道理，也能通过对某一物的记叙、描写、议论等表达出来。文章表面上只对事物进行描述，但处处影射着与此事物紧密相连的人和事，并从中透露出作者对此的喜怒哀乐，细读起来字字含情。《马说》当属此中名篇，清代林纾曾评价其“语愈冷而意愈深，声愈悲。通篇都无火色，而言下却无尽悲凉，真绝调也”。文章围绕说马的话题进行阐释，没有一字提及当世人才不遇明主的现状，却让人在“读马”的过程中体会到作者谈的是人才问题。千里马喻指人才，伯乐喻指赏识人才的人，由伯乐和千里马的传说，作者提出一个新颖的观点“世有伯乐，然后有千里马”，既是表达自己得不到重用，难以施展才华的愤懑，更是对封建统治者埋没人才的批判。说理如此通透，针砭如此辛辣，文面却不显山露水，实属难得。

在阅读过程中，我们只有关注作者对千里马这一具体形象的描写，才能深切体会到字里行间的情感。如对千里马“辱”“骈死”“不以千里称也”的描述，尽显悲惨，以此暗示有才之人终身不得用的遭遇，充满无限痛惜之情；用“食不饱，力不足，才美不外见，且欲与常马等不可得，安求其能千里也”“策之不以其道，食之不能尽其材，鸣之而不能通其意”等排比句和否定句，表达对千里马被埋没的愤愤不平、满腔憎恨，不仅将“食马者”的愚妄浅薄刻画得淋漓尽致，更是对人才不被赏识，甚至被埋没、摧残的现象进行了猛烈的抨击。

四 拓展致用

韩愈散文内容丰富，形式多样，其中最有文学价值的就是那些嘲讽现实、议论犀利的杂文。《马说》实为韩愈《杂说》第四篇，同学们在课后可阅读韩愈的其他杂文，加深对说理散文的理解。

(一)牛刀小试

阅读下面的文章，完成后面的训练。

杂　说[①](其一)

韩　愈

龙嘘气成云，云固弗灵于龙也。然龙乘是气，茫洋穷乎玄间[②]，薄[③]日月，伏光景[④]，感震电，神变化，水下土，汩陵谷[⑤]：云亦灵怪矣哉！

云，龙之所能使为灵也。若龙之灵，则非云之所能使为灵也。然龙弗得云，无以神其灵矣。失其所凭依，信不可欤！异哉！其所凭依，乃其所自为也！

易曰："云从龙。"既曰龙，云从之矣。

[注释] ①本文是《杂说》四首的首篇，写于作者仕途蹭蹬、失意潦倒之际。②玄间：太空，宇宙。③薄：同"迫"，迫近，接近。④景：同"影"。⑤汩：水流的样子，此处意为淹没。陵谷：指高山大川。

学法指引

《杂说(其一)》文体与《马说》完全相同，可用学习《马说》时的形象塑造法来探究其寓意。《马说》由说马到说人，《杂说(其一)》借龙与云的关系比喻君臣关系。同《马说》塑造千里马、伯乐、食马者的形象一样，《杂说(其一)》在第1段详尽塑造了龙的形象：龙创造了云，喻指圣君对贤臣的决定性作用；接着第2段，用"然龙弗得云，无以神其灵矣。失其所凭依，信不可欤"来表明龙失去云则毫无神异，喻指圣君离不开贤臣的辅佐，接着总结自己的观点"异哉！其所凭依，乃其所自为也"，龙所凭借依靠的，正是它自己造成的云，反过来说,云的有无全靠龙自己创造。圣明的君主要使国家长治久安,依靠的正是自己提拔任用的贤臣。这是对圣君应该选拔贤臣、重用贤臣的隐喻,也有含蓄抒发自己怀才不遇,渴盼得到圣君识拔任用的愿望。

《杂说(其一)》这篇说理散文历来被奉为典范,通篇只从龙与云的关系着笔,无一句点明主旨,却处处扣题。全文仅100余字,语言精练含蓄,行文委婉曲折,读来意味深长。在阅读过程中,我们可以用学《马说》时的方法,结合虚词在表情达意上的作用去品味语言,细细咂摸作者含蓄表达的情感。比如:“云亦灵怪矣哉”中“矣”“哉”连用,抒发了强烈的感叹;“信不可欤!异哉!其所凭依,乃其所自为也!”连用三个感叹,强调龙对云的依赖关系——龙失去它所凭借的云,实在是不可行啊,龙所凭借依靠的,正是它自己造成的云,这是多么奇异、奇妙啊;“云从之矣”用祈使语气收束全文,显得委婉含蓄,既然叫作龙,就应该有云跟随着它啊,既然是圣君,就应该有贤臣在侧啊。

1.解释下列加点字。

(1)感震电　(　　)　　(2)水下土　(　　)

(3)穷乎玄间　(　　)　　(4)信不可欤　(　　)

2.用现代汉语翻译下列句子。

(1)龙嘘气成云,云固弗灵于龙也 。

(2)异哉!其所凭依,乃其所自为也!

3.用“/”画出下列句子的节奏,每句画三处。

(1)薄日月,伏光景,感震电。

(2)若龙之灵,则非云之所能使为灵也。

4.判断下列句子的语气。

(1)云亦灵怪矣哉!(　　)

(2)失其所凭依,信不可欤!(　　)

(3)既曰龙,云从之矣。(　　)

5.本文采用了什么写作手法?文中阐述“龙”与“云”的关系含蓄表达了什么主旨?

(二)独闯天涯

阅读下面的文章,完成后面的训练。

蝜蝂[①]传

柳宗元

蝜蝂者,善负小虫也。行遇物,辄持取,昂其首负之。背愈重,虽困剧不止也。其背甚涩,物积因不散,卒踬仆[②]不能起。人或怜之,为去其负。苟能行,又持取如故。又好上高,极其力不已,至坠地死。

今世之嗜取者[③],遇货不避,以厚其室[④],不知为己累也,唯恐其不积。及其怠而踬也,黜弃[⑤]之,迁徙之,亦以病矣。苟能起,又不艾。日思高其位,大其禄,而贪取滋甚,以近于危坠,观前之死亡不知戒。虽其形魁然大者也,其名人[⑥]也,而智则小虫也。亦足哀夫!

[注释]①蝜蝂(fù bǎn),一种黑色的小虫,性喜负物,类似负版状,故名。②踬仆(zhì pū):跌倒。③嗜取者:贪得无厌的人。④厚其室:使其家产丰厚。⑤黜弃:罢官。⑥名人:被称为人。名,命名。

1.解释下列加点字。

(1)辄持取　(　　)　　(2)人或怜之　(　　)

(3)苟能行　(　　)　　(4)遇货不避　(　　)

2.用现代汉语翻译下列句子。

(1)又好上高,极其力不已,至坠地死。

(2)及其怠而踬也,黜弃之,迁徙之,亦以病矣。

3.用"/"画出下列句子的节奏,每句画三处。

(1)行遇物,辄持取,印其首负之。

(2)虽其形魁然大者也,其名人也,而智则小虫也。

4.下列对本文相关内容和写法分析,理解不恰当的一项是(　　)。

A.本文行文简约却叙事生动,描写了蝜蝂这种小虫善负物、喜爬高的特性,并以此影射贪得无厌、喜攫权力的人

B.文末“亦足哀夫”是感叹语气,作者哀叹“世之嗜取者”的智力几乎与蝜蝂这种小虫子一样,是何等可悲可笑

C.本文运用了象征的表现手法,蝜蝂形象的刻画主要是针对某个人,而不是一种普遍存在于官场中的社会现象

D.本文类比恰切,寓意深刻,用蝜蝂因贪得无厌而死的形象喻指贪官污吏至死不悟的丑态,表达出作者对于官场腐败的批判

名师点拨

1.根据语境语情判断,“辄”表示“持取”是在“行遇物”之后紧接着发生的,根据文意可译为“立即”“于是”“就”。“或”在主语“人”与谓语“怜”之间,此处是副词,有时的意思。“苟”在句首作连词,表假设或条件。“货”在古代汉语中不仅有财物、物资的含义,还有货币的意思。

2.(1)这一句中“好”为动词,译为“喜欢”;“上”与“高”若译为“上面”“高处”的名词性词语,则不通,这两个字应活用动词,与《马说》中“策之不以其道”中的“策”一样,译为“介词+名词+动词”的格式,“向上爬”,“向高处爬”,“至”在这里作动词,意思是“导致……的结局”。(2)“怠”作形容词,为松懈、懈怠的意思;“踬”依据上文“踬仆”是跌倒的意思,此处意译为倒台;“迁”有调动、重新任命或放逐、流放的意思,“徙”多有变化、改变的意思,“迁徙”指遭贬谪,被放逐、流放;“病”译为生病或疾病都不合语境,根据古义中“忧虑,担心”的意思意译为遭受痛苦,吃到苦头。

3.(1)根据“状语 + 动词中心语”的语法结构确定节奏,“行”修饰动词“遇”,作状语,“遇”后接宾语“物”;副词“辄”后是紧接着的行为;“卬其首”是修饰“负”的状语。(2)根据主谓之间的停顿确定节奏,“其形”指他们的体形,是主语;“其名人”意思是他们被称为人,“其”是主语;“智”是主语,但他们的智力却和蝜蝂小虫一样。

4.这篇文章创作于作者贬官永州时期。用形象塑造法进行分析,我们可以发现文章将“今世之嗜取者”与蝜蝂进行比较描写,两部分相互对应,将小虫和官僚的形象淋漓尽致地揭示出来,刻画出一类人的丑态,批判的矛头直指当时的腐败官场。

(三)剑指中考

阅读《马说》和《蝜蝂传》两篇文章,完成下面的训练。(15分)

1.解释下列加点字。(4分)

(1)一食或尽粟一石 (　　)　　(2)策之不以其道 (　　)

(3)印其首负之 (　　)　　(4)又不艾 (　　)

2.用现代汉语翻译下列句子。(4分)

(1)祇辱于奴隶人之手,骈死于槽枥之间。

(2)遇货不避,以厚其室,不知为己累也,唯恐其不积。

3.下列对选文相关内容和写法分析,理解不恰当的一项是(　　)。(3分)

A.《马说》一文托物寓意,千里马比喻真正的人才,借千里马的悲惨遭遇,控诉了当时社会遏制、摧残人才的现象

B.《蝜蝂传》虽然篇幅短小,却像是一面映射社会的镜子,批判的矛头直指当时黑暗腐败的官场

C."策之不以其道""食之不能尽其材""今世之嗜取者"三句中的"之"都为代词

D.《蝜蝂传》是一篇寓言小品,它不仅嘲讽了那种追求名位、贪婪成性的丑行,也告诫了世人不要太贪心,要懂得知足常乐

4.当今社会是"千里马"驰骋的大好舞台,若你是"千里马",却不遇伯乐,你会怎么做?结合两篇选文谈一谈。(4分)

第五章

散文类(现代)文章学法指津

第一节

《散文二篇》及类文的学法指津

一 文本解要

(一)文本指要

《散文二篇》是统编教材(2017年版)语文八年级上册第四单元的课文,作者是中国作家严文井和英国作家罗素。本文所在单元的文章要求学生了解不同类型散文的特点,欣赏其独特写法,品味议论性散文的语言特色。两篇散文以哲理见长,人生感悟深刻睿智,思路清晰,层层推进,文采斐然的语言中蕴藏着丰厚的人文内涵。

(二)素养导航

1. 语言建构与运用

议论性散文兼有议论文和散文的特点,语言特点是在形象中有哲理,在抒情中有理性。所以文中多用精练的警句说理议论,也结合了散文叙述、描写和抒情的表达方式。如《永久的生命》中既有"过去了的时间永不再回来"的简练的议论,又有"地面上的小草,它们是那样卑微,那样柔弱"的生动描写,还有"永远的小牛犊,永远的金黄色茸毛"的浓烈抒情,更有"感谢生命的奇迹,它分开来是暂时,合起来却是永久""凋谢和不朽混为一体,这就是奇迹"这样精警的句子,既蕴含个体生命有限,大自然的生命无限,个体生命的消失与生命集体的新生循环在不停上演的哲理,又有对永久生命的热情赞美。《我为什么而活着》一文用标题点明了论述的话题范围,开篇第一句即点明了中心,精练地回答了支配自己生命的三种动力:对爱情的渴望、对知识的追求、对人类苦难的同情,第二句"这三种感情就像飓风一样,在深深的苦海上,肆意地把我吹来吹去,吹到濒临绝望的边缘"则十分形象地描述了作者在追求这三种感情时,在现实困难形成的苦海中所遭到的打击,感受到的绝望。

在阅读中要把握议论性散文以说理为中心、以议论为主干的特点，加强对文中精警语句的理解，领悟其蕴含的哲理，进而把握主旨。

2.思维发展与提升

议论性散文虽然不像议论文一样，特别强调严密的逻辑推理，却也有非常清晰的层次和严谨的结构，所以厘清课文的写作思路很有必要。《永久的生命》一文热情地讴歌永久的生命，首段用时间过去永不再回，引发人们对生命的短暂易逝的悲观情绪，这是为下文的正面论述蓄势；接着论述生命集体的神奇永久、充满希望，“随处宣示它的快乐和威势”；作者层层铺垫，水到渠成地赞美永久的生命，最后用“凋谢和不朽混为一体，这就是奇迹”收束，突出主旨。全文是分总的结构，运用了先抑后扬的写作手法。《我为什么而活着》透露了作者的崇高人格和博大情怀，首段总结支配自己一生的三种感情，中间三段分别论述追求三种感情的原因，尾段总结这样的人生，活着值得，全文是“总—分—总”的结构。

在阅读中首先通过整体理解和抓住各段要点的方法概括出文章的观点，然后思考段与段之间的关系，厘清作者的思路，逐步提高抽象思维能力。

3.审美鉴赏与创造

本文两篇文章有相同的议论性散文的语言特点，但是又各具特色。《永久的生命》不空谈哲理，多通过具体形象来论述，有失去了大半青春的三十岁人、衬衣、小草、牛犊、暴君、花朵等，贴近生活，易于理解。如“在春天，我们以同样感动的眼光看着山坡上那些小牛犊，它们跳跳蹦蹦，炫耀它们遍身金黄的茸毛”，让人感受到生命是永远流动着的、不朽的。《我为什么而活着》却以直接说理为特色，让文字散发理性的光芒，用睿智的思想征服人。爱因斯坦就曾说：“阅读罗素的作品，是我一生中最快乐的时光之一。”如文章开篇第一句“对爱情的渴望，对知识的追求，对人类苦难不可遏制的同情，这三种纯洁而无比强烈的感情支配着我的一生”，这是作者平凡而伟大的愿望，是至真至诚的心才会有的无比高尚的人生追求，这句话有一种理性的力量，让我们摆脱世俗的羁绊，让精神的荒原再现勃勃生机。

在阅读中可以结合自己的阅读经验，品味文中语言深邃的理性美和生动的感性美。

4.文化传承与理解

本课的两篇文章均是以生命为共同话题的哲理散文。生命是有限的，生命又是无限的，当你从《永久的生命》中读懂了生命真正的意义——让个体有限的生命做出更有价值的事，为一类人的生命创造更大的价值，那你就会充满阳光地面对生活，“不断给世界以色彩，不断给世界以芬芳”，充实生命，甘于奉献。生命是痛苦的，生命又是快乐的，当你从《我为什么而活着》中读懂了“活着值得”的原因——寻求爱情让人欢愉、解除孤寂、体会美好,寻求知识让人充实精神、造福人类,因个人努力无法解除人类的苦难而痛苦,却愿意为此奋斗。人生虽苦,却因正确和崇高的追求有了价值,回顾一生倍感欣慰。“还乐意再活一次”是一颗智慧、谦逊、悲悯、仁慈的心灵在闪闪发光,是一种博爱的思想在熠熠生辉。

生命是永恒的主题。认识生命,崇敬生命,找到生命的意义,拥有积极的人生观和价值观,是我们可以从本文得到的最宝贵的财富。

二 预习路径

阅读课文时可通过比较学过的写景抒情散文《紫藤萝瀑布》和写人记事散文《背影》,体会这两篇文章作为议论性散文与它们的不同。结合文章的标题和每段的大意,整体把握文章中心,并对文章含义深刻的句子多加品读。

三 学法指津

(一)背景助读法

罗素是屈指可数的凭非文学性作品获得诺贝尔文学奖的“世纪的智者”,他在哲学、数学、逻辑学、社会学、政治、历史、宗教等方面都取得了巨大成就,被誉为“百科全书”式的思想家,是当代人道主义的代言人。《我为什么而活着》是罗素为其自传所写的序,概括了自己一生的追求。文中对爱情的阐释让无数诗作失去了光芒,这种为爱燃烧的赤诚表达在同时期的中国文人中是极少有的。广博的学识和深邃的思想从未让他懈怠对知识的追求,反而显露出“这方面我获得一些成就,然而并不多”的谦逊。他关心人类的前途,反对战争,捍卫和平,多次发表声明与演讲。第一次世界大战期间因反对英国参战被判刑半年,为抗议氢弹试验发表著名的“罗素——爱因斯坦宣言”,在89岁高龄时还因携夫人主持反战静坐示威二人被判监禁60天……诺贝尔奖推崇他,“是因为他能把精湛的哲学思想成功地介绍给大众,并用来关心大众,他一生的事业皆在于热诚地为公众的良知辩护”。

(二)逻辑分析法

议论性散文带有议论文观点鲜明的特点,读的时候要注意进行逻辑分析,但不必像议论文一样从论点、论据、论证的三要素去读。首先是依据段落归纳大意并划分出文章的层次;其次是分析自然段之间、意义段之间、文章整体之间的逻辑关系,厘清行文思路;

再次是从作者如何围绕观点展开论述进行分析，分析文章结构是否严谨；最后是深入理解标题、开头、结尾、中间过渡等部分在文章结构上的作用。

(三)语言品味法

1.欣赏语言深邃的理性美。议论性散文的魅力在于议论本身，阅读这类文章，要注意品读出文字蕴含的哲理美。如在《永久的生命》中，作者一方面从时间一去不复返说起，说生命容易消失“永不再来”；一方面又说，生命神奇伟大，“永远存在”，在看似矛盾中让读者慢慢体悟：因为种族“永不休止地繁殖着，蔓延着”的恒久，才让个体生命也有了永久不朽的意义。静心思考，理性分析，感受深邃文字中智慧的力量。

2.欣赏语言生动的感性美。议论性散文无论用不用生动的形象来说理，往往都会把情感流露在那些比喻、联想等形象化的语言中，带有很强的抒情性，情感真挚。如“它是一个不懂疲倦的旅客，总是只暂时在哪一个个体内住一会儿，便又离开前去。那些个体消逝了，它却永远存在”。用“一个不懂疲倦的旅客”来比喻“生命”，就生动地传达出个体生命的短暂，人类生命的永恒。“因为爱情解除孤寂——那是一颗震颤的心，在世界的边缘，俯瞰那冰冷死寂、深不可测的深渊”，把没有爱情、缺少爱的世界比作“冰冷死寂”的深渊，但拥有爱情可以让震颤的心感受到欢快与欣喜，到达一个甜美的、幸福的爱的“仙境”，饱含作者对爱情神奇力量的热情赞美。

四 拓展致用

课后阅读冰心的《我》、毕淑敏的《今世的五百次回眸》等散文，感悟生活之美，体验作者的情感，分析它们在表达形式和风格方面的相似之处。

(一)牛刀小试

阅读下面的文章，完成后面的训练。

谈生命

冰　心

我不敢说生命是什么，我只能说生命像什么。

生命像向东流的一江春水，他从最高处发源，冰雪是他的前身。他聚集起许多细流，合成一股有力的洪涛，向下奔注，他曲折地穿过了悬岩峭壁，冲倒了层沙积土,挟卷着滚滚的沙石,快乐勇敢地流走,一路上他享受着他所遭遇的一切。有时候他遇到巉岩前阻,他愤激地奔腾了起来,怒吼着,回旋着,前波后浪地起伏催逼,直到冲倒了这危崖,他才心平气和地一泻千里。有时候他经过了细细的平沙,斜阳芳草里,看见了夹岸红艳的桃花,他快乐而又羞怯,静静地流着,低低地吟唱着,轻轻地度过这一段浪漫的行程。有时候他遇到暴风雨,这激电,这迅雷,使他心魂惊骇,疾风吹卷起他,大雨击打着他,他暂时浑浊了,扰乱了,而雨过天晴,只加给他许多新生的力量。有时候他遇到了晚霞和新月,向他照耀,向他投影,清冷中带些幽幽的温暖:这时他只想休憩,只想睡眠,而那股前进的力量,仍催逼着他向前走……

终于有一天,他远远地望见了大海,啊!他已到了行程的终结,这大海,使他屏息,使他低头,她多么辽阔,多么伟大!多么光明,又多么黑暗!大海庄严地伸出臂儿来接引他,他一声不响地流入她的怀里。他消融了,归化了,说不上快乐,也没有悲哀!也许有一天,他再从海上蓬蓬的雨点中升起,飞向西来,再形成一道江流,再冲倒两旁的石壁,再来寻夹岸的桃花。

然而我不敢说来生,也不敢相信来生!

生命又像一棵小树,他从地底聚集起许多生力,在冰雪下欠伸,在早春润湿的泥土中,勇敢快乐地破壳出来。他也许长在平原上,岩石上,城墙上,只要他抬头看见了天,啊!看见了天!他便伸出嫩叶来吸收空气,承受日光,在雨中吟唱,在风中跳舞。他也许受着大树的荫遮,也许受着大树的覆压,而他青春生长的力量,终使他穿枝拂叶地挣脱了出来,在烈日下挺立抬头!他遇着骄奢的春天,他也许开出满树的繁花,蜂蝶围绕着他飘翔喧闹,小鸟在他枝头欣赏唱歌,他会听见黄莺轻吟,杜鹃啼血,也许还听见枭鸟的怪鸣。他长到最茂盛的中年,他伸展出他如盖的浓荫,来荫庇树下的幽花芳草;他结出累累的果实,来呈现大地无尽的甜美与芳馨。秋风起了,他的叶子,由浓绿到绯红,秋阳下他又有一番庄严灿烂,不是开花的骄傲,也不是结果的快乐,而是成功后的宁静和怡悦!终于有一天,冬天的朔风,把他的黄叶干枝卷落吹抖,他无力地在空中旋舞,在根下呻吟,大地庄严地伸出臂儿来接引他,他一声不响地落在她的怀里。他消融了,归化了,他说不上快乐,也没有悲哀!也许有一天,他再从地下的果仁中,破裂了出来,又长成一棵小树,再穿过丛莽的严遮,再来听黄莺的歌唱。

然而我不敢说来生，也不敢信来生！

宇宙是一个大生命，我们是宇宙大气中之一息。江流入海，叶落归根，我们是大生命中之一滴，大生命中之一叶。在宇宙的大生命中，我们是多么卑微，多么渺小，而一滴一叶的活动生长合成了整个宇宙的进化运行。要记住：不是每一道江流都能入海，不流动的便成了死湖；不是每一粒种子都能成树，不生长的便成了空壳！生命中不是永远快乐，也不是永远痛苦，快乐和痛苦是相生相成的。好比水道要经过不同的两岸，树木要经过常变的四时。在快乐中我们要感谢生命，在痛苦中我们也要感谢生命。快乐固然兴奋，苦痛又何尝不美丽？我曾读到一个警句，是"愿你生命中有够多的云翳，来造成一个美丽的黄昏"。世界、国家和个人的生命中的云翳没有比今天再多的了。

（有改动）

学法指引

该文内容朴实，情感真挚，在语言运用上独具匠心，运用了比较多的语言表达技巧。文章中运用了拟人的手法形象地揭示了生命的一般规律，由这种生命规律来展示一种坚强的意志和豁达乐观的精神。在解析这篇文章的时候，要注意以下几个方面：

首先是情感。这篇文章情感庄重，而且在情感上具有极强的超越性，比如人们一般认为死亡是痛苦悲哀的，但是作者却从常人不能达到的高度去认识死亡，这其中蕴含了深刻的人生哲学。作者的生命意识比较独特，她认为快乐与痛苦是相生相成的，快乐与苦痛都是一种美的表达。这就是哲学中矛盾观念的运用。

其次是语言的建构与运用。在这篇散文中，语言生动形象，作者采用比喻的手法，比较隐晦地说明了人的一生应该会经历幸福和痛苦、快乐和悲哀等，人的经历太单一是不行的。这是作者在经历了几十年的人生经历之后获得的感悟，然后通过语言的特殊表达方式来强化其中的意蕴和内涵。因此，在阅读的时候可以重点分析语句的意思以及语句运用的修辞手法。这样更能将主题情感内容一一落实。

最后，分析这篇文章时需要注意写作背景。作者写这篇文章的时候是1947年，最初发表的时候并不为人知，但是多年以后人们再品味到的时候才发现作者的思路清晰，章法严谨，有很分明的行文层次。文章解释了生命的生长、壮大和衰老的普遍规律，展示了生命痛苦与幸福相伴这一哲理。

1.本文题目为“谈生命”,作者认为生命像什么?

2.从修辞的角度赏析句子的表达效果。

生命又像一棵小树,他从地底聚集起许多生力,在冰雪下欠伸,在早春润湿的泥土中,勇敢快乐地破壳出来。

3.作者说:“生命中不是永远快乐,也不是永远痛苦。”说明我们的生命历程中是有苦有乐的,那在你的生命中,有苦有乐的事情各是什么呢?

(二)独闯天涯

阅读下面的文章,完成后面的训练。

今世的五百次回眸

毕淑敏

①佛说,前世的五百次回眸,才换来今生的擦肩而过。顿生气馁,这辈子是没指望了,和谁路遇和谁接踵,和谁相亲和谁反目,都是命定,挣扎不出。特别想到我今世从医,和无数病患咫尺对视。若干垂危之人,我手经治,每日查房问询,执腕把脉,相互间凝望的频率更是不可胜数,如有来世,将必定与他们相逢,赖不脱躲不掉的。于是这一部分只有作罢,认了就是。但尚余一部分,却留了可以掌握的机缘。一些愿望,如果今生屡屡瞩目,就埋了一个下辈子擦肩而过的伏笔,待到日后便可再接再厉地追索和厮守。

②今世,我将用余生五百次眺望高山。我始终认为高山是地球上最无遮掩的奇迹。一个浑圆的球,有不屈的坚硬的骨骼隆起,离太阳更近,离平原更远,它是这颗星球最勇敢最孤独的犄角。它经历了最残酷的折叠,也赢得了最高耸的荣誉。它有诞生也有消亡,它将被飓风抚平,它将被酸雨冲刷,它将把溃败的肌体化作肥沃的土地,它将在柔和的平坦中温习伟大。我不喜欢任何关于征服高山的言论,以为那是人的菲薄和短视。真正的高山是不可能被征服的,它只是在某一个瞬间,宽容地接纳了登山者,让你在它头顶歇息片刻,给你一窥真颜的恩

赐。如同一只鸟在树梢啼叫，它敢说自己把大树征服了吗？山的存在，让我们永葆谦逊和恭敬的姿态，知道在这个世界上，有一些事物必须仰视。

③今生，我将用余生一千次不倦地凝望绿色。我少年戍边，有10年的时间面对的是皑皑冰雪，看到绿色的时间已经比他人少了许多。若是因为这份不属于我选择的怠慢，罚我下辈子少见绿色，岂不冤枉死了？记得在千百个与绿色隔绝的日子之后，我下了喀喇昆仑山，在新疆叶城突然看到辽阔的幽深绿色之后，第一反应竟是悚然，震惊中紧闭了双眼，如同看到密集的闪电。眼神荒疏了、忘却了这人间最滋润的色彩，以为是虚妄的梦境。就在那一瞬，我皈依了绿色。这是最美丽的归宿，有了它，生命才得以繁衍和兴旺。常常听到说地球上的绿地到了××年就全部沙化了，那是多么恐怖的期限。为了人类的长盛不衰，我以目光持久地祷告。

④今生，我将一万次目不转睛地注视人群。如果有来生，我期望还将成为他们中的一员，而不是其他的什么动物或是植物。尽管我知道人类有那么多可怕的弱点和缺陷，我还是为这个物种的智慧和勇敢而赞叹。我做过一次人类了，我知道了怎样才能更好地做人，做人是一门长久的功课，当我们刚刚学会了最初的运算，教科书就被合上。卷子才答了一半，抢卷的铃声就响了，岂不遗憾？

⑤把自己喜欢的事一一想来，我还要看海看花，看健美的运动员，看睿智的科学家，看慈祥的老人和欢快的少女，当然还有无邪的小童，突然就笑了。想我这余生，也不用干其他的事了，每天就在窗前屋后呆呆地看山看树看人群吧，以求个来世的擦肩而过。这样一路地看下去，来世的愿望不知能否实现，今生的时光可就白白荒废了。于是决定，从此不再东张西望，只心定如水，把握当前。

⑥不为虚缈的擦肩而过，而把余生定格在回眸之中。喜欢山所表达的精神，就游历和瞻仰山的英拔和广博，期望自己也变得如此坚强。喜欢绿色和生命，喜爱人的丰饶和宝贵，就爱惜资源，尊重自己，也尊重他人。

（有改动）

1.根据文章第②④段的内容，把下列横线补充完整：

眺望高山，____________→凝望绿色，祷告生命繁衍兴旺→注视人群，____________。

2.赏析“做人是一门长久的功课，当我们刚刚学会了最初的运算，教科书就被合上。卷子才答了一半，抢卷的铃声就响了，岂不遗憾？”这句话。

3. **文章最后一段说“喜欢山所表达的精神”,是何精神呢?**

名师点拨

这一篇文章是比较经典的篇目,在解读时,要特别注意文字的特点。这篇文章的文字虽比较朴实,但是情感深厚。如果要了解这篇散文的内容,必须紧紧把握这篇文章的情感,而情感是通过语句表达出来的。在“眺望高山”“凝望绿色”“注视人群”“看海看花”“看健美的运动员”“看睿智的科学家”“看慈祥的老人和欢快的少女”,看“无邪的小童”等词句中,我们能够感受到作者那颗平静、和善的心。虽然开头出现了对“命定”问题的理解,也产生了遗憾和无奈,但后文对今生的“掌握”能够让读者感受到作者的那种勇敢不屈、坚强和宽容。作者对今生和来世的认识是本篇主题解读的重点,而通过语句来解读这个内容,能够让读者认识到希望就在当前,我们不能停止脚步,必须要有所行动。由此又能自然而然地引出“把握今生”这个主题。整篇文章内容层层递进,形成波澜前进的形式。整体上看,作者的情感都寄托在文字之中,所以在阅读时要从语句入手,一点一点地理解作者的情感,最终明确作者的表达意图。

(三)剑指中考

阅读《谈生命》,完成后面的训练。(20分)

1. **用自己的话概括文章的主要内容。(3分)**

2. **第①段在文中有何作用?(4分)**

3. **“要记住:不是每一道江流都能入海,不流动的便成了死湖;不是每一粒种子都能成树,不生长的便成了空壳!”有何含义?(5分)**

4. **结尾说“愿你生命中有够多的云翳,来造成一个美丽的黄昏”。为什么说是“美丽的黄昏”呢?(4分)**

5. **目前,对于只有十几年生活阅历的我们来说,谈生命的话题相对沉重。请你在有限的积累中想想,有哪些名著提到了关于热爱、珍惜生命的话题呢?请写出1—2部作品名称及主要人物。(4分)**

第二节

《昆明的雨》及类文的学法指津

一 文本解要

（一）文本指要

《昆明的雨》是统编教材（2017年版）语文八年级上册第四单元的课文。本文所在单元的文章要求欣赏各类散文独特的写法，体会抒情散文形散神聚的特点。以对昆明生活的喜爱与想念为情感线索，描绘了昆明的雨季，画面优美且充满诗意，语言平淡又趣味无穷。

（二）素养导航

1.语言建构与运用

汪曾祺曾说："我是希望把散文写得平淡一点儿，自然一点儿，'家常'一点儿的。"本文语言淡而有味，在平淡中有精彩，在平淡中有真情，雅言俗语交错，短句口语交织，还有不少方言和带幽默的腔调。如"下下停停，停停下下"完全是口头语言，却有回环往复的音韵美；"滑，嫩，鲜，香，很好吃"这里一字一处停顿，节奏鲜明，可谓字字有声，让你不得不留心这种牛肝菌的味道和口感，的确"很好吃"是有浓郁生活气息的口语。第8段写杨梅，完全就是摆龙门阵的大白话，细看每个句子，都可以说平淡无奇，杨梅"很大"，有"乒乓球那样大"，颜色"黑红黑红"，口语化十足，可把后面的句子连起来细细品读，却有韵味和情致。"这个名字起得真好，真是像一球烧得炽红的火炭！""真好""真是像"让人感受到作者对这杨梅的喜爱，"一点都不酸"的口味和"我吃过苏州洞庭山的杨梅、井冈山的杨梅，好像都比不上昆明的火炭梅"的独爱，完全是深情的表白，与作者的另一篇文章《端午的鸭蛋》中所说"我走的地方不少，所食鸭蛋多矣，但和我家乡的完全不能相比"如出一辙。还有"滴溜儿圆""没甚味道"等方言，"这种菌子炒熟了也还是浅绿色的，格调比牛肝菌高"中的"格调"带来的幽默腔调，像诗一样的文句"城春草木深，孟夏草木长"，怀念四十年前雨中喝酒的情味而写的一首极为典雅的诗……本文的语言可谓是灵活多样,散文味特别突出。

写文章不必每句话都是警句,在阅读文章的过程中留心品读汪曾祺的散文语言风轻云淡却韵味悠长的特点,学习怎样用平常话把凡人小事写得有滋有味。

2.思维发展与提升

通过学习本单元前两篇教读课文《背影》和《白杨礼赞》,同学们已经知道了散文的基本特征是形散神聚,《昆明的雨》一文中这个特征分外突出,学习时首先要注意梳理文章所写的景、事、物:有仙人掌、各种菌子、杨梅、缅桂花等景和雨景中人的活动,有为宁坤作画、和德熙去小酒店喝酒的事,还有昆明人家门头挂仙人掌的风俗。这样一看,确实杂而多,但所有这些都与“昆明的雨”有着密切的联系,不得不说,昆明的雨是课文的一条物线。其实《昆明的雨》是像《背影》一样的回忆性散文,作者对四十年前的生活的所有深刻记忆都源于对过往的怀念,这种怀旧、珍爱、思念串联起了往昔回忆中零散的景、物、事,有了“我想念昆明的雨”的情感,文章才能形散神聚。

把握回忆性散文的抒情线索,理解其外形虽散然而内核严整,且结构讲究(文章由一幅画开始,由一首极具古典气息的诗结尾,且首尾都有“我想念昆明的雨”的情感抒发)的特征,逐渐提升具体形象思维和抽象逻辑思维的品质,这都是读文章和写文章必备的素养。

3.审美鉴赏与创造

本文是一篇把生活平常之事写得很有情趣的文章,生活气息浓郁,要从字里行间去发现作者笔下的生活情趣,发现生活中美的物、美的人、美的事。在人们眼中极为普通的事物,在汪曾祺的笔下都是特别美的:昆明的雨在昆明人眼中定是不过如此,可作者却说昆明雨季相当长,但“不使人气闷”“人很舒服”,且盛赞“昆明的雨季是明亮的、丰满的,使人动情的”“是浓绿的”;昆明的仙人掌更是别具情味,可以入作者的画,可以倒挂在家家户户门头辟邪(倒挂的仙人掌还开出了金黄色的花,真有趣儿),还能代替篱笆防止猪羊进园吃菜;普通的菌子却让作者难忘味蕾的记忆,“最便宜的”牛肝菌“味道鲜浓,无可方比”,干巴菌和青辣椒同炒的美味让人“张目结舌”。笑话里跳下火车捡菌的人,生活闲适悠然;卖杨梅的苗族女孩,娇娇的吆喝声“使得昆明雨季的空气更加柔和”;和养女一起卖缅桂花的女房东,“大概是怕房客们乱摘她的花,时常给各家送去一些”,收到带着雨珠的缅桂花,“我的心软软的,不是怀人,不是思乡”,而是铭记了女房东真诚、纯朴、友善的性情;还有在小酒店吃着猪头肉,用绿釉土瓷杯喝着酒的“我”和德熙,普通的人,普通的事,仿佛都刻上了一种"浊酒一杯天过午，木香花湿雨沉沉"的诗情意味，淡泊悠远。

汪曾祺说："我想把生活中真实的东西、美好的东西、人的美、人的诗意告诉人们，使人们的心灵得到滋润，增强对生活的信心、信念。"只有热爱生活，才能对生活有美的视角，才能发现更多生活的诗意。

4. 文化传承与理解

"民族的语言即民族的文化精神，民族的文化精神即民族的语言，二者同一的程度超过了人们的任何想象。"一位西方语言学家这样说。汪曾祺的作品从最初不太被人关注，到逐渐被人熟知，再到如今被大众盛赞，正显示出一位用民族语言书写民族生活、文化、思想的作家开始绽放光芒，这是人们对民族文化坚定的自信。我们在《昆明的雨》一文中，看到了旧日昆明人家门头挂、画八卦，倒挂仙人掌"辟邪"的习俗，菜园周围种仙人掌的风俗，饮食美味（牛肝菌、干巴菌、杨梅），苗族女孩的穿戴习惯，历史人文故事陈圆圆，寄托作者情思的小诗……作者以凡人小事创造了一个有着浓郁风土人情，充满着风俗美、人性美的艺术世界，闲适、高雅，让人向往，更唤起了我们对传统文化的热爱。

汪曾祺对昆明的爱是深沉淳厚的，他用比昆明人更细腻的眼光去发现市井的生活，"将中国的文人精神与民间的文化传统有机地结合，成为典型的中国叙事、中国腔调"，他让我们民族语言中"淡而有味"的文字持久地散发着迷人的芬芳。"绚烂之极，归于平淡"，淡然平和的生活态度，闲适欣赏的诗美情怀正是我们需要传承的东方智慧。

二 预习路径

预习时，概括文章各段内容，梳理文章围绕雨写的昆明的雨、雨中景、雨中人（情）。再抓住首尾出现的"我想念昆明的雨"，品味作者在写景、状物、叙事时含蓄传达的感情。

三 学法指津

（一）背景助读法

汪曾祺，江苏高邮人。1939年夏以第一志愿考入西南联大中国文学系，在这里他开始接受良好的高等教育，并走上文学创作的道路。他曾说："我在昆明待了七年。除了高邮、北京，在这里的时间最长，按居留次序说，昆明是我的第二故乡。"本文写于1984年，作者已离开昆明38年。64岁的老人历经生活的磨砺，用一颗淡然而炽烈的心回忆着往昔珍贵的岁月，为我们娓娓讲述那"明亮的、丰满的，使人动情的"世界。

(二)语言品味法

汪曾祺这样说过:“语言不能像盖房子一样,一块砖一块砖,垒起来。那样就会成为‘堆砌’。语言的美不在一句一句的话,而在话与话之间的关系。”本文语言不仅流畅自然,简洁有味,还可咀嚼用词,品读前后语句关联之味儿。比如“仙人掌有刺,猪和羊怕扎”中,一个“怕”字,初一看平常,细一想,怕被仙人掌扎那就是有过被扎的体验了,望着菜园而不得进的猪和羊,因为怕被代替篱笆的仙人掌刺,只能望着新鲜肥美的蔬菜任涎水直流,模样着实可爱,让人忍俊不禁。联系前句“种了仙人掌,猪羊便不敢进园吃菜了”一看,其实文章已经讲了昆明人使用仙人掌的妙处,而“猪和羊怕扎”这句正是作者有意的增笔,增加的是趣味。介绍“干巴菌”的时候也颇独特,让人情绪跌宕,从“这种东西也能吃?!”到“这东西这么好吃?!”,前后情感态度是特别鲜明的对比。前一部分是无限鄙视,“深褐带绿”之色,“半干的牛粪”之貌(可能也很少人把吃的东西比作粪了),简直让人作呕,食欲绝无,更加上“里头还有许多草茎、松毛,乱七八糟”,想来都应该对它弃而远之,难怪作者表示强烈疑惑:“这种东西也能吃?!”可把干巴菌做成菜之后,“入口便”让人“张目结舌”,用夸张的感受极言味道之妙,强烈的惊叹中依然怀疑:“这东西这么好吃?!”句式相同,用词稍稍变化,干巴菌的味道让人喜不自禁,细细品咂,读者似乎也跟着兴奋起来,这么丑的菌子竟然这么美味,趣味十足。

四 拓展致用

课后与《背影》《雨的四季》进行比较阅读,理解散文的共性和本文的特别之处。同为回忆性散文,《背影》用父亲的背影来凝聚全文所有“散的”人、事,本文则把一种感情作为凝聚的内核;同以情感为线索,《雨的四季》写人的活动较少,本文则较多;语言风格各有不同,《背影》朴素典雅,《雨的四季》诗意较浓,本文则平淡而有味。

(一)牛刀小试

阅读下面的文章,完成后面的训练。

镜泊湖的黄昏(节选)

熊召政

黄昏有时是一个错误。譬如观飞瀑,黯淡的光线使你无法领略飞腾的气势;譬如草原上的故友重逢,天不假以阳光,无法纵马驰骋,只好入室把盏,醉里挑灯看剑了。但有时，黄昏又是一个不可复制的美丽。譬如暮霭降临时，桂子树下情人的相拥；譬如泛舟，泛舟在山环水曲的湖上。

……

下湖时，已经五点多钟，枕着山脊的夕阳，已经不再炽烈，你可以用肉眼去细细观察它，看它像太极图一样散发的光晕。这最好的生命的蛋白质，在饲养着那一双旋转不息的阴阳鱼。被阴阳鱼啄剩的光粒，散散地洒落湖中，它们飘荡着，浮漾着，像金箔打造的浮萍。

游船入湖深深，船头向东，切开的是渐渐凝集的暮色。两岸的青山，将葱茏投入湖中，孵化出翡翠般的大宁静。而船尾，那金箔般的浮萍，却是穷追不舍。船头的翡翠，船尾的金箔，在夕阳中穷极变幻。不知为何，这情景让我想起阮籍的诗句："朝为媚少年，夕暮成丑老。"我不明白，放逸与纵酒的阮步兵，为何心境如此苍凉。晚唐的李商隐吟咏"夕阳无限好，只是近黄昏"，虽然含蓄一点儿，也是过分感伤……

美的东西，大多转瞬即逝。把握生命之内的东西，才是积极的人生态度。就像我此刻站在船尾，眺望夕阳由猩红变成淡红时，我才真切地感到，生命的每一种境界，都是无法替代的历程。它既有色彩，也有温度；既是灿烂，也是淡泊。就像这镜泊湖，成为河道时，它流得欢畅；堰塞成湖，它仍然逍遥。

……

刹那间，夕阳完全沉没，湖上的金光也骤然收尽。我捡拾刚才拍摄的湖波，取景框中的画面一出来，我不免大吃一惊。潋滟的金波中，有一尊完整的弥勒佛，正冲着我微笑。

（有改动）

学法指引

这是一篇优美的写景抒情散文，与《昆明的雨》一脉相承，阅读时需注意作者是用什么景来表达什么样的情感，以及散文中作者所表达的情感又有什么深层次的含义。

此文思路清晰，先从"黄昏有时是一个错误"入笔，后笔锋一转，欲扬先抑，由黄昏的景象来突出黄昏的美丽，进而上升到生命、生活的高度，对黄昏进行合理的想象和联想，让我们明白我们要善于发现生活的美，每一份美都为我们的生活增添一份经历，也是我们成长路上宝贵的财富，我们应倍感珍惜。因此在理解、分析此文时，要从语言的特点和写作的技法上了解作者的写作意图和要表达的人生哲理等。在写镜泊湖的时候，作者通过想象把黄昏时在水上的美呈现了出来，所以读者们能读出一种积极的、超凡脱俗的禅机，更能感受到作者广阔的心胸，从而把握文章的主题。此文在写法上也是很高明的，由表层的景，上升到有深度的生活中来，通过欲扬先抑的写作方式表现镜泊湖黄昏的美感，侧面表达作者的喜爱之情。

1.对文章内容理解有误的一项是（　　）。

A.本文表达了作者从镜泊湖中获得了一种消极的人生态度

B.黄昏是“不可复制的美丽”，该句在段落中体现强调作用，引出下文的写作对象

C.文章的写景部分能体现作者积极向上、超凡脱俗的胸怀

D.描述镜泊湖黄昏，通过时间序列的描写，呈现黄昏时分美丽的水上画卷

2.本文第1段用了什么写作手法？有何作用？

3.对于文中所说的“积极的人生态度”，你是如何理解的？

（二）独闯天涯

阅读下面的文章，完成后面的训练。

冬　天（节选）

汪曾祺

天冷了，堂屋里上了槅（gé）子。槅子，是春暖时卸下来的，一直在厢屋里放着。现在，搬出来，刷洗干净了，换了新的粉连纸，雪白的纸。上了槅子，显得严紧、安适，好像生活中多了一层保护。家人闲坐，灯火可亲。

床上拆了帐子，铺了稻草。洗帐子要捡一个晴朗的好天，当天就晒干。夏布的帐子，晾在院子里，夏天离得远了。稻草装在一个布套里，粗布的，和床一般大。铺了稻草，暄腾腾的，暖和，而且有稻草的香味，使人有幸福感。

……

冬天吃的菜，有乌青菜、冻豆腐、咸菜汤。乌青菜塌棵，平贴地面，江南谓之“塌苦菜”，此菜味微苦。我的祖母在后园辟小片地，种乌青菜，经霜，菜叶边缘作紫红色，味道苦中泛甜。乌青菜与“蟹油”同煮，滋味难比。“蟹油”是以大螃蟹煮

熟剔肉，加猪油“炼”成的，放在大海碗里，凝成蟹冻，久贮不坏，可吃一冬。豆腐冻后，不知道为什么是蜂窝状。化开，切小块，与鲜肉、咸肉、牛肉、海米或咸菜同煮，无不佳。冻豆腐宜放辣椒、青蒜。我们那里过去没有北方的大白菜，只有“青菜”。大白菜是从山东运来的，美其名曰“黄芽菜”，很贵。“青菜”似油菜而大，高二尺，是一年四季都有的，家家都吃的菜。咸菜即是用青菜腌的。阴天下雪，喝咸菜汤。

冬天的游戏：踢毽子，抓子儿，下“逍遥”。“逍遥”是在一张正方的白纸上，木版印出螺旋的双道，两道之间印出八仙、马、兔子、鲤鱼、虾……每样都是两个，错落排列，不依次序。玩的时候各执铜钱或象棋子为子儿，掷骰(tóu)子，如果骰子是五点，自“起马”处数起，向前走五步，是兔子，则可向内圈寻找另一个兔子，以子儿押在上面。下一轮开始，自里圈兔子处数起，如是六点，进六步，也许是铁拐李，就寻另一个铁拐李，把子儿押在那个铁拐李上。如果数至里圈的什么图上，则到外圈去找，退回来。点数够了，子儿能进终点(终点是一座宫殿式的房子，不知是月宫还是龙门)，就算赢了。次后进入的为“二家”“三家”。“逍遥”两个人玩也可以，三个四个人玩也可以……

早起一睁眼，窗户纸上亮晃晃的，下雪了！雪天，到后园去折蜡梅花、天竺果。明黄色的蜡梅、鲜红的天竺果，白雪，生意盎然。蜡梅开得很长，天竺果尤为耐久，插在胆瓶里，可经半个月。

舂(chōng)粉子。有一家邻居，有一架碓(duì)。这架碓平常不大有人用，只在冬天由附近的一二十家轮流借用。碓屋很小，除了一架碓，只有一些筛子、箩。踩碓很好玩，用脚一踏，吱扭一声，碓嘴扬了起来，嘭的一声，落在碓窝里。粉子舂好了，可以蒸糕，做“年烧饼”(糯米粉为蒂，包豆沙、白糖，作为饼，在锅里烙熟)，搓圆子(即汤团)。舂粉子，就快过年了。

(有改动)

1.下列对文章内容的分析正确的是(　　)。

A.文中“蟹油”是指将大螃蟹煮熟剔肉，然后利用猪油“提炼”而成。如果没有将“蟹油”冷冻处理，它很快就会坏掉，没办法吃一冬季

B.掷骰子后观察结果，根据骰子点数选择走步的起点

C.因为舂粉子的碓较少，所以只能一二十家轮流使用一架碓

D.文章在回忆家乡冬天旧闻部分写作简单直白，通过方言使人感到亲切，从文章的结构和表现形式上能展现原汁原味的艺术本色

2.请简要分析作者为何描写家乡冬天吃的菜十分详细,其作用是什么。

3.试分析“明黄色的蜡梅、鲜红的天竺果,白雪,生意盎然”这句话的含义。

名师点拨

本文是一篇写景散文,此类散文最常用的表现手法是情景交融、借景抒情:正常情况下,可以从情绪的角度入手,然后暗示文眼(写景状物),接着突出景物特征,使之与作者情感相匹配,最后通过情感共鸣强调主体,展现作者好恶、希望、追求的思想感情。

本文通过写冬天屋里的环境、冬天吃的菜、玩的游戏及故乡的风俗特色等表达对家乡的深厚感情。写这些其实就是在写人,作者借这些物来写人,是因为这些景物的特点与人的心情是相通的,于是在情感上也会产生共鸣。所以明白作者的写作手法后,在阅读相关的语段时,我们先整体感知内容,然后再深入文章分析,多问几个“为什么”。如作者为何要详细描写这些景物,比如文中用了大量的篇幅来写冬天吃的菜,可见故乡的菜在作者的心里是很有分量的,仅仅是因为菜好吃,才在作者的心里留下深深的烙印吗?这时我们就可以深入思考,菜,是一种故乡情结,所以这表现的是作者对故乡的怀念,有着浓浓的乡情。同理,为何要详细描写冬天的游戏呢?也是作者在利用对儿时故乡游戏的怀念表达对快乐童年的特殊情怀。

(三)剑指中考

阅读汪曾祺的《冬天》,完成下面的训练。(20分)

1.请用自己的话简要概述文章写了故乡冬天的哪些事。(4分)

2.本文第1段有何作用?(3分)

3.赏析“踩碓很好玩,用脚一踏,吱扭一声,碓嘴扬了起来,嘭的一声,落在碓窝里”的表达效果。(4分)

4.文中哪些场景让我们感受到了“温暖”和“幸福”?(4分)

5.本文在语言表达上有何特点?有何作用?(5分)

第三节

《安塞腰鼓》及类文的学法指津

一 文本解要

(一)文本指要

《安塞腰鼓》是统编教材(2017年版)语文八年级下册第一单元的课文。本文所在单元的文章要求见识多元民俗现象,理解民俗意义,热爱民俗文化,体会多种表达方式的运用。本文是表现安塞腰鼓特点和西北高原民风民俗的抒情散文名篇,感情高昂恣意,语言极富表现力,修辞手法的使用更是灵活。

(二)素养导航

1.语言建构与运用

文章作者刘成章说:“我从前写诗、写歌词、写剧本的功夫,也没有白费,它们在散文中全都派上了用场。”这种“用场”让他的散文有了别样的特色:极具风情与神韵。《安塞腰鼓》因为炽烈丰富的抒情,语言极具诗的味道。全文仅千余字,没有柔软的藤蔓,只有粗犷的枝干,语句铿锵,诗意雄浑。首先,大量使用短词、短语,或单独成句,或形成段落,让文章有紧密的节奏。如“一群茂腾腾的后生”“但是”“看!——”“好一个安塞腰鼓!”“一捶起来就发狠了,忘情了,没命了!”迸发出“茂腾腾”的生命力量。“隆隆,隆隆,隆隆”“愈捶愈烈!”“交织!”“旋转!”“凝聚!”“奔突!”“辐射!”“翻飞!”“升华!”一词一顿,急促有力,产生高昂的语势,四射的激情让人亢奋。其次,大量使用修辞增强文章气势。如描写百十个斜背响鼓的后生表演安塞腰鼓的宏伟场面,“骤雨一样,是急促的鼓点……斗虎一样,是强健的风姿”,五个整齐的短句,系列排比、比喻碰撞,勾勒成一幅震撼人心的火烈图画,这是被强震击起的石头在狂舞!文章句子当中,句与句、段与段之间采用的排比修辞特别多(加上感叹号的配合),犹如江水一泻千里,气势磅礴。

文章的句式变化多样,有短句单独成段,也有长短句交错成行,语势时而急促有力,时而酣畅淋漓。而句式与修辞的使用都是为了配合场景与氛围,我们在语言表达的时候也要借鉴这一点,使文章达到内容与形式的统一。

2.思维发展与提升

本文作者精心安排了三个场面,安静的表演前、激昂的表演中、静寂的表演后。文章开头用腰鼓“呆呆的,似乎从来不曾响过”写表演前的沉寂;为表现主体场面中酣畅淋漓的精彩热闹,作者用“好一个安塞腰鼓!”“好一个黄土高原! 好一个安塞腰鼓!”“好一个痛快了山河、蓬勃了想象力的安塞腰鼓!”有意设计描写的层次,使浓烈的情感有升腾的空间;表演后,观众依然沉醉其中,一声鸡啼更显寂静,一切“戛然而止”,文章完整的结构在此回环,逻辑思维能力可见一斑。而《安塞腰鼓》在“安塞腰鼓”这一个特定意象的基础上,用一系列旋转飞舞的灿烂意象创造了一个瑰丽的新世界。“骤雨”喻鼓点,“旋风”喻流苏,“火花”喻瞳仁,“斗虎”喻风姿,这腰鼓使空气由冰冷变得燥热,使阳光由恬静变得飞溅,使世界由困倦变得亢奋,使人想起“落日”“大旗”“马鸣”“风萧萧”“雷声”“闪”,这简直就是生命的奇迹,更是奇特想象的魅力。

场面描写系列化,行文安排有讲究,想象创造新世界,诗意礼赞民族魂。读者在阅读本文的过程中,跟着作者的思绪翻飞,挥动思维的翅膀,在想象的天空驰骋,感受一曲气壮山河的赞歌。

3.审美鉴赏与创造

本文可算是“意蕴优美的散文诗”,饱满着生命激情。文章除了有语言生动的灵性美、行文结构的跌宕美,更有令人震撼的情感美。安塞腰鼓是壮阔的、豪放的、雄浑的;陕北后生是朴实的、强健的、有力的;黄土高原是厚重的、野性的、勃发的。安塞腰鼓“是挣脱、冲破了、撞开了的那么一股劲”,陕北后生“使你从来没有如此鲜明地感受到生命的存在、活跃和强盛”,黄土高原“生养了这些元气淋漓的后生”! 这年轻热烈的躯体里释放出奇伟的能量! 安塞腰鼓、陕北后生、黄土高原,是生命与力量的承载,是生命奔腾的激情。这样刚健激昂的生命原始力量怎能不让人钟情? 怎能不让人热情地歌颂?

在审美的过程中,情感有着重要的地位。生命的阳刚与力量就是美,作者赞美安塞腰鼓的情怀就是美。无论在阅读还是生活中,同学们都要多尝试捕捉饱满深厚的情感,“以美启真,以美入善,以美化情”,让自己的生命意气风发、蓬勃向上。

4. 文化传承与理解

就写“陕北”来说，怕是谁也写不过刘成章，“陕北生来陕北长，因为你魂牵这地方”。不管是“高粱地”“四野长着酸枣树的山崖”，还是“杂着草根的土浪”“消化着红豆角角老南瓜”的后生，都是陕北黄土地的地域风情。与“多水的江南”相比，这里多么贫瘠，让人凝重，而吃的是红豆角角和老南瓜、穿的是粗布衣衫的西北人却迸发出生命的激情、欢快的希望！而安塞腰鼓是古代激励边塞将士浴血杀敌的号角，是战争年代报警传递信息的工具，更是和平年代娱乐欢聚的广场表演形式。如今的它已被列入第一批国家级非物质文化遗产名录，常在国家庆典上出场，千人齐舞，场面宏大、动作奔放、鼓点铿锵，已从陕北人生命活力、精神岁月的象征演变为中华民族坚毅、蓬勃的精神力量。安塞腰鼓这一陕北黄土高原的民俗文化已经获得恒久的生命意义。

阅读本文，除了要理解安塞腰鼓中蕴含的民俗文化、民族精神的价值外，更要传承那种在苦难中坚忍生活的豪情与精神，不负生命与生活。

二 预习路径

在课前预习时，需要大声朗读，首先，可用我们在七年级上册学过的朗读抒情散文的方法，做一些朗读符号的批注，体会本文充沛高昂的情感。其次，可从修辞角度品析本文的语言特色。

三 学法指津

（一）朗读法

朗读是学习语文的必要方法，本文如诗的语言特别适合朗读。文中27个感叹号也是强烈的信号。通过朗读，体味安塞腰鼓的力量之美，感受生命奔突的律动之美。怎么读才好呢？一是读出文章三个场面的变化，以及主要场面三个层次所形成的回环美与递进的节奏美。如开头四段与末尾三段语调的轻缓，中间第8段的深情赞颂，第9—11段急切的抒情……以“愈捶愈烈”开头的三个段落的激昂沸腾等。二是读好短词、短句形成的铿锵节奏及排比、叠句汇集的力量气势。三是运用好朗读技巧，注意语速、声调、停顿、重音等。如“一捶起来/就发狠了，忘情了，没命了！”“容不得/束缚，容不得/羁绊，容不得/闭塞。是挣脱了、冲破了、撞开了的/那么一股劲！”这两句要读出加点字的重音、递进式排比所加强的语势，而语调则是渐渐高扬的。

(二)鉴赏修辞法

本文灵活运用排比、反复、对比、比喻等修辞手法,语言生动,语势磅礴。如“隆隆隆隆的豪壮的抒情,隆隆隆隆的严峻的思索,隆隆隆隆的犁尖翻起的杂着草根的土浪,隆隆隆隆的阵痛的发生和排解……”“隆隆隆隆”不断出现,反复表达,让百十个腰鼓“隆隆”的声音充斥耳畔,突出这声音震天的雄壮。而短语成句的排比,让一股渐渐升腾的强劲力量撞击着观众的心,碰撞掉了“一切冗杂!”“好一个安塞腰鼓!”语势非凡。文中“多水的江南是易碎的玻璃,在那儿,打不得这样的腰鼓”把江南水乡柔美的风情与有“这么厚这么厚的土层”的黄土高原进行对比,突出黄土高原的粗犷豪放,蕴藏着巨大的生命能量。

四 拓展致用

课后可阅读刘成章其他的“风情—神韵散文”,如《老黄风记》《山峁》《扛椽树》等,再品他笔下那诗意又灵性的陕北风情,积累语言材料,加深理解民俗的价值和意义。

(一)牛刀小试

阅读下面的文章,完成后面的训练。

老黄风记

刘成章

它还在山的那边,离这儿少说也有十多里路吧,我分明已经感到它的威势了:树梢,泉水,连同我的衣襟,都在簌簌抖动。我看见,缩起一只爪沉思着的公鸡,忽然睁大了眼睛;正在滚碾子的农村妇女,慌忙卸驴,慌忙收拾簸箕笸箩。

它来了。它从苍白的远处,席卷而来,浩荡而来。它削着山梁,刮着沟洼,腾腾落落,直驰横卷,奏出一首恐怖的乐曲。它把成吨成吨的土和沙,扬得四处都是。天空登时晦暗起来。我抬头看太阳,太阳失去了光辉,变得就像泡在浑黄河水里的一只破盆儿。

它尖厉地号叫着,狂暴地撕扯着。

本来,世界是和平的,宁静的:禾苗上滚着露珠,花瓣上颤着蜂翅;可是,它一来,这些景象都不复存在了。大片大片的庄稼,倒伏于地。飞鸟撞死在山岩上。鸡飞狗跳墙。

本来,那边刚刚栽下一片树苗,树苗都扎下了根,长出了嫩绿的叶片,可是转瞬间这些树苗被连根拔起！和枯草、羽毛、纸片、干粪一起，全被旋上了高空。

它肆虐着，破坏着，炫耀着粗野。

而我，早已看不见许多了。我只顾背着身子。我无法睁眼。我的耳朵、鼻孔、嘴巴，全都灌进了沙粒。我像被一只巨手搡着，站不住，走不稳，身不由己，五脏六腑都被摇乱了，像鸡蛋乱了黄儿。我赶紧去找安身之所，于是，我在慌乱中挤进了窑洞。

窑洞里，庄户人们，男男女女，一个个也是刚挤进来；一个个头发上是土，眉毛上是土，肩膀上也是土；一个个变成了灰土猫儿。

按照陕北的说法，这是老黄风。“老”是“大”的意思。这黄风是够大的了。

庄户人嘻嘻哈哈地咒骂着：

“黑小子风!”

“儿马风!”

“叫驴风!”

话不一样，却有共同之处：这风，是雄性的。我想起，两千多年前的楚人宋玉曾把风分为雄风和雌风。他们竟想到一起去了。

这风，是雄性的：雄性的粗暴，雄性的狂烈，雄性的蛮横。也许女人们意会到这一层了。一齐咯咯咯地笑起来。

“笑什么?牙龇得就像脚指甲一样!”一个后生玩笑地说。玩笑也有一股雄性的野气。

风，越来越响地呼啸。

整个黄土高原在痛苦地抽搐。

风，扑打着门窗。

门窗外，黑小子砰的一声摔了酒瓶，掂起丈二长的一根大棒，无法无天，打家劫舍；儿马和叫驴挣脱了缰绳，尥着蹶子，狂奔乱跑。草棚被掀翻了。瓷盆被打碎了，水倒下一地。一会儿，黑小子登上磨顶；而儿马又从头上跃过，咬住了叫驴的脖颈；叫驴被激怒了，疯狂地反扑过来，踏死了几只羊羔和小鸡。黑小子的怪笑声，有如夜空腾起一条冰冷的长蛇。到处烟喷雾罩，混沌一片。

渐渐，人们不再注意它了，互相攀谈起来。庄户人是耐不住冷寂的，没说几句，就热闹了。一个汉子站起来，凑到一个胖大嫂的身边，扯长声儿唱道：

山羊绵羊一搭里卧,

我和妹子一搭里坐。

他真的紧挨胖大嫂坐下了。人们一片哄笑。接着,他硬扯着胖大嫂站起来,又唱道:

山羊绵羊并排排走,

我和妹子手拉手。

人们又是一阵哄笑。胖大嫂只是笑骂着,不知该把自己的手往哪儿藏。

陡然间,外面轰轰隆隆,圪里振捣,窑洞的门窗都快要被推倒了。正午的天气,立即变得就像愁惨惨的暗夜。人们不得不点起灯来。

外面,那掂着大棒恣意横行的黑小子,不是一个,足有三百个、四百个!那横冲直撞、胡踢乱咬的儿马和叫驴,不是一匹、两匹,足有七八百、上千匹!黑小子都脱光了脊梁,儿马和叫驴都竖直了鬃毛,都是一副凶相,都是汗水淋淋,都红了眼,疯了心,走了形!黑小子长出了尾巴。儿马和叫驴都用后腿直立行走。它们都像山石,山石都像它们,一切模糊不清。而喧嚣声一阵高似一阵,掀起层层气浪,冲击着四面八方。

窗户纸上,被冲开指头蛋那么大的一点儿窟窿;于是,气浪进来了,比锅盖大,比碾盘大。墙上挂的铜勺儿、笊篱、锅铲铲,一齐叮叮当当脆响。炕头上娃娃的尿垫子,被旋上窑顶又落了下来。灯被吹灭了,黑暗得就像蹈入死神的峡谷。

但是即便在这时候,我也不必惊慌,不必惧怕。我紧靠着乡亲们。我看见他们是镇定自若的。他们经历过不少这种险境,心中有数。窑洞是垮不了的。黄土就是护佑人们的铜墙铁壁,有时候比铜墙铁壁还要可靠些。

人们又说笑起来了。后生们跳了一阵又像秧歌又像迪斯科的舞蹈,缠着一个花白胡子老汉讲一段他进城买尼龙网兜的趣事。老汉不讲,他说他给大伙念一段古诗。他清了清嗓子,清了清拦羊回牛的嗓子,朗诵起来了:

清明时节雨沙沙,

路上行人该咋价;

借问酒家何处有,

牧童遥指在那达。

几个青年男女,还有两个毛圪蛋娃娃,一齐畅怀笑了起来。老汉感到十分欣慰。他前些年就念过这首诗,可是全村没有一个人感到好笑。老头对我讲,这说明了一个大问题。

这样说笑着直到晚饭时分，天才明亮了，喧嚣声才住了。我和乡亲们一起走出窑洞，眼见到处一片狼藉，唯有村头的大树虽然断了劲枝，却仍然像石崖一样高高耸立着，而碧草和田苗就像扑倒于血泊中的少女，正两手撑地挣扎着抬起身子。我的心头蓦然升起一股强烈的悲壮感。

那帮黑小子们、儿马们和叫驴们，终于裹进一股沙尘，逝去了，无声无息了。河沟里有几滩棕红色的污泥。

（有改动）

学法指引

这篇文章也是刘成章的作品。学习他的作品就要把握“艺术散文”这一内容。因为他的作品很有地方特色，有明显的民族化色彩。在他的作品中有诗意，有灵性，凸显了陕北特有的风俗人情。本文的内容随心，在艺术上别具一格，是陕北“风情—神韵”散文的代表作。

分析解读这篇文章，要注重“自我”意识的体现。作品中的语言比较有特色，像“黑小子”“儿马”和“叫驴”，那样的蛮横、暴虐，那样的粗野、疯狂，简直是翻天搅地、横冲直撞、不可一世。作者在语言建构方面极有张力，所以写出的句子也就很有表现力。在陕北这个环境恶劣的地方，人们依然耐心、自信、欢快、活跃，展示出一种生命力的坚忍与旺盛。这篇文章是描写“文革”过后，“文革”时代的风雨已经过去，陕北人民在接受了风雨的洗礼之后开始用充满活力的生命力来刻画新的生活篇章。这是一种生命意义的凸显。在整篇文章中，刘成章是抒写陕北地域风情、神魂气魄的高人、好手。陕北这片土地，这方人情的“精、气、神”真的让他写“活”了。在文字中我们能够体会到一种磅礴大气的美。这种美是存在于字里行间的，能够给人一种视觉和心灵的震撼，就仿佛所有的人都置身于陕北高地，去亲身体会、领略这漫天的大风，回顾人生历程，产生积极的生活态度。由此说来，这篇文章的主题意义深远，文字中蕴含了丰富而深刻的意义。读者在阅读赏析的时候能够形成一种壮美的感觉，也能够从中体会到顽强生命的价值和意义。

1. 根据文章内容概括老黄风有何特点。

2. 全文都是在写老黄风,难道仅仅是在写老黄风吗?作者其实是在写什么?

3. 结合文章内容分析,老黄风到来时,陕北人民是一群怎样的人。

(二)独闯天涯

阅读下面的文章,完成后面的训练。

读碑

刘成章

我说的是人民英雄纪念碑。

20余年前,我第一次看到它,印象十分深刻,它庄严、雄伟、壮观,像一个有着汉白玉肌肤的巨人,站立在天安门广场。

它正面的题词,我细细地读;它背面的碑文,我细细地读;它底座的浮雕,我一一细心地看了。题词和碑文沁入我心,浮雕又夯实了我对它的记忆。

忘不了的还有,离开的时候,见石栏杆前,一位喜盈盈的少妇,抱着一个牙牙学语的孩子,少妇抬抬下巴指点,孩子伸出嫩藕般的小手,抚摸石栏上突起的圆柱。它使我怦然心动,刹那间,昨天,今天,明天,一齐在心头涌现。我不由再次仰起头:彼苍者天,伟哉此碑!丰碑千秋!

后来,我每次去北京,天安门广场都是少不了要去的地方,去了,自然要去瞻仰纪念碑。那碑上毛泽东的题词,那碑上毛泽东起草、周恩来手书的碑文,我不敢说倒背如流,起码是牢记在心里了。随着阅历的增长,我对它的体会更深。

但是,那年去了一趟南泥湾,我竟发觉,我并没有读懂!

南泥湾有个泉,叫作九龙泉,泉上小亭如开花的浓荫,掩映着一座烈士纪念碑。那是当年王震同志率领的三五九旅,在这里开展大生产运动时立下的。多年的风雨剥蚀,那碑身已经有些残破。

它的正面,像个储得满满当当的铅字架;它的背面,也像个储得满满当当的铅字架;整个碑上,是字的堆积,字的重叠,字的密密麻麻。什么字?森林一样的烈士的名字!

我的呼吸急促起来。啊,一个旅在战争的年代就牺牲了这么多的战士!

泉水如泣如诉。

烈士的名字究竟有多少,我没有数,只是粗估了一下;然后,我将目光投向前边开阔的川道。我在想:要是把每一个名字都复活为一个血肉之躯,那么,他们足足可以把多半条川道站满!要是他们又像开誓师会那样高呼,那么,这条川道将震响着一片多么恢宏的声音!

我于是想起了人民英雄纪念碑。我以前实在没有读懂它。那碑文中的“三年以来……”“三十年以来……”“由此上溯到一千八百四十年……”,只从字面上读读就行了吗?它的背面还有什么呢?难道不是铭刻着的密密麻麻、重重叠叠、逶逶迤迤、起起伏伏、触目惊心,比森林还要辽阔十倍百倍的烈士的名字吗?名字的数目,不是几十万,不是几百万,而是几千万!他们的人数,是要比世界上绝大部分国家的公民数还要多的!然而为了缔造我们的幸福生活,这么多,这么多的英雄儿女,竟都倒在血泊里了!

这一层,看起来浅显,但的确不易读出它的最基本的东西。

读书往往要读注释,才能读懂。读碑文也需要注释。南泥湾的九龙泉纪念碑,是人民英雄纪念碑的一条极好的注释。

现在完全读懂了吗?不敢说。但起码,每看见人民英雄纪念碑,心中便升腾起一股悲壮感和使命感。

(有改动)

1.文章题目为“读碑”,作者读出了些什么?

2.赏析“它的正面,像个储得满满当当的铅字架;它的背面,也像个储得满满当当的铅字架;整个碑上,是字的堆积,字的重叠,字的密密麻麻”这句话。

3.学完本文,再结合《安塞腰鼓》,说说刘成章作品的语言风格有何特点。

名师点拨

这篇文章短小,情感充沛,适合朗读。虽然文字比较平实、直白,但是蕴含的内容却是深刻的。我们可以利用对句子的赏析来把握全文的情感和主题。本文书写了对英雄的崇敬之情。我们可以通过对句子的分析来把握创作者的情感。文字可以充分表达作者的情感与诉求,这篇文章在用词方面有深意,像“储得满满当当的铅字架”,后文中不断提到“铅字架”,其实这每个名字背后都是一个生命。在读的时候通过“满满当当”四个字我们意识到烈士很多,可以联想到战争的残酷和牺牲的壮烈,就自然而然地产生了崇敬之情。

在阅读文章时应注意抓住语言细节,并对每一个细节深入分析,本文中的一些句子具有多重含义,往往是一个句子可以延伸到很多的内容。所以,阅读要注重关键词语。比如“读”可以是字面上“认识”的意思,同时也可以是深入认识而产生心理上的共鸣的意思。当一个人没有在对应的情境中的时候是难以深刻体会文字含义的。而当文字出现在对应的情境之中,那么就能够触动人的情感,促使读者深入地去理解。这也是为何到了南泥湾之后,作者突然读懂了人民英雄纪念碑上的文字。在这些文字的表面有浅层次的东西,看起来很浅显,但是文字背后却蕴含了深层次的内容。如果能够把握这两个方面的东西,那么也就能够比较好理解文字内容了。而语言技巧赏析是语言赏析必不可少的组成内容。我们一般赏析语言会赏析语言的用词,一些好的词语能够比较准确地表达出语言效果,同样地,特殊的语言技巧会更加容易地表达出具体意思。综合运用多种修辞手法,能使文章内容更生动地得到表达,使读者更容易感受作者的情怀,使读者更容易记住文章的内容。这些内容之间的相互映衬和联系,共同形成作者的表达意图,展示作者的创作目的。

(三)剑指中考

阅读刘成章的《老黄风记》,完成下面的训练。(21分)

1.请简要说说老黄风到来的前后有何不同。(4分)

2.赏析:“门窗外,黑小子砰的一声摔了酒瓶,掂起丈二长的一根大棒,无法无天,打家劫舍;儿马和叫驴挣脱了缰绳,尥着蹶子,狂奔乱跑。草棚被掀翻了。瓷盆被打碎了,水倒下一地。”(5分)

3. 作者不仅仅是在写老黄风，还在写像老黄风这类的陕北人。试分析作者笔下的陕北人有着怎样的精神。(4分)

4. 本文与《安塞腰鼓》有何异同?(5分)

5. 陕北人民经过几十年坚持不懈的治沙造林，曾经遮天蔽日、肆无忌惮的“老黄风”逐渐消逝。为了让历史不再重演，请结合习总书记提出的“绿水青山就是金山银山”思考：作为中学生，我们应该做些什么呢?(3分)

第四节

《灯笼》及类文的学法指津

一 文本解要

(一)文本指要

《灯笼》是统编教材(2017年版)语文八年级下册第一单元的课文。本文所在单元的文章要求从多方面发掘文本的意义和价值,并进行文学鉴赏。本文有民风民俗的记忆,更有“天下兴亡,匹夫有责”的保家卫国的担当,且构思严谨讲究章法,语言典雅含蓄,多种表达方法浑然交织。

(二)素养导航

1.语言建构与运用

吴伯箫写散文“于字句间颇费心思”,加之自身有深厚的文学底蕴,因此这篇写于20世纪30年代的散文名篇《灯笼》,不是多用口语的朴实文风,而是兼有生活语言、书面语言和文言语句。如“皎洁的月华,如沸的繁星”“灯笼的缘结得太多了,记忆的网里挤着的就都是”“那种熙熙然庭院的静穆,是一辈子思慕着的”“唐明皇在东宫结绘彩为高五十尺的灯楼,遍悬珠玉金银而风至锵然的那种盛事太古远了,恨无缘观赏”“梦都随了蜡火开花”等,这些语句韵味十足。文章还多次引用或化用古诗文,古典文学气息浓厚,显得典雅蕴藉。如“雪夜驰马,荒郊店宿,每每令人忘路之远近”“塞外点兵,吹角连营”“挑灯看剑”“萧萧班马鸣”这几句便是引用陶渊明《桃花源记》中的“缘溪行,忘路之远近”、辛弃疾的词句“醉里挑灯看剑,梦回吹角连营……沙场秋点兵”和李白的诗句“挥手自兹去,萧萧班马鸣”。此外,本文在句式上还运用了较多短句,特别是三四字的短句子,显得语言有节奏感,又增加了声韵美。如“岁梢寒夜,玩火玩灯,除夕燃滴滴金,放焰火”“乡俗还愿,唱戏、挂神袍而外……挂红灯”“想起来,族姊远嫁,大送大迎”等。

同学们在阅读过程中，要注意品味作者用以传达情感的这些语言形式，训练自己的散文语感，积累语言材料，增加自己语言的表现力。

2. 思维发展与提升

《灯笼》以“自由的笔法”抒写了有关灯笼的记忆，时空跨度很大。细读下来，记叙的事件特别多，这也说明作者的选材特别自由，可这样的自由却不是随意的，因为所有的事件，哪怕细枝末节都与“灯笼”紧密相连，这叫材料琐碎而主题集中。文中描述的灯笼有文化上的、有情感上的，却并未错乱排列，我们梳理一下就会发现作者从小时候的经历写起，接着写乡俗，之后再写历史上的，最后又回到现实说自己愿是“那灯笼下的马前卒”，这叫材料丰富而严整有序。而所有的材料其实都是为文章的抒情服务，细细品读就会发现全文叙述中无处不在的情：“记忆的网里挤着的就都是”有关灯笼的缘，满心的欢喜；“一辈子思慕着的”是“庭院的静穆”还是随祖父夜行那种种温暖的情？“灯红发白”令人更感慈母爱的珍贵；“垂珠联珑的朱门却早已褪色”又添“破落”的伤感；用朱红在纱灯上描字的“喜悦”已经成“爱”；愿是“灯笼下的马前卒”“数燎原的一把烈火”更显壮怀激烈……这叫依据情感而谋篇布局。

《灯笼》虽意绪繁杂，却能让感情“自然流淌”，是散文形散神聚的典范。读此类抒情散文，应注意读懂行文脉络，依着作者的思绪在文字中畅游，提升思维。

3. 审美鉴赏与创造

好的散文总爱写微小之事，却能以小写大，小中见大。文中的灯笼有“村民日常生活”“乡村艺术表演”“乡村年节景象”“历史文化”这四个内容，而这些内容都有共同的指向，即文章所在单元的主题——民俗文化、传统文化，这便是以小见大。同时，从记叙事件的角度看，所叙的这些地点、人物、事件都是极不起眼的。如第2段中用四个分号叙述了“三家村的犬吠，村中老头呵狗的声音”等五个儿时的场景，极小极细碎，但都在作者记忆的网里挤着，流露着不可遏制的向往；还有祖父数着牵牛织女星谈些进京赶考的掌故，村犬遥遥相吠认得主人后又大摇尾巴，母亲叮咛的那句“打了灯笼去吧”，母亲接过灯笼后递给专门为我留着的消夜食品；还有那支为自己特别预备的“小的纱灯”，灯柱上的松柏枝叶，看庆丰酒店的跑马灯，猜源亨油坊出的灯谜等，这些都是随着时光流逝的仿佛微不足道的人和事，但在作者笔下都有细腻的情味，泛着温暖的灵光。而后文章从对过去的怀念延及历史，最后到对社会现实的感受，抒发了个人保家卫国之志，即散文卒彰显志之法。

有关灯笼的乡俗与亲情、历史与壮志都在怀念往事亲情和感慨眼前的国运时事中串起来了。“一枝一叶总关情”,“一家一村也有意”。同学们不仅要能欣赏豪情的壮美,也要把鉴赏美的眼光落到我们的生活中,拾起记忆中更多温情的场景,创造当下生活里更多的美好。

4. 文化传承与理解

灯笼是儿时村民生活不可分割的温暖;是“村边戏台”“乡俗还愿”的符号;是乡村年节、“族姊远嫁”的欢乐……唐明皇的灯楼遍悬珠玉金银,宋代八十亲事官打灯笼的辉煌景象,汉献帝唯灯笼做伴,盼灯笼上的斗方大字是西汉霍骠姚、汉将李广和唐朝裴公,灯笼还是民族历史文化的一部分。一篇《灯笼》,既有旧中国农村的民风民俗,又具有历史文化的积淀,更有作者对乡村的怀念以及知识分子的爱国情怀。

“文章合为时而著”这一中国文人的写作传统在本文中得以彰显。吴伯箫是一位有才华的进步作家,他有“笔谈琐事、心系大众和天下的情怀”,用文字怀念着早年的乡村风俗,自然引发内心激荡强烈的爱国之情,这种个人文化自觉也是我们要学习的地方。

二 预习路径

本文是单元最后一课,学习具有总结性。要注意联系本单元前几课所学,将单元学习要求“理解民俗的价值和意义”“分析课文写作方法”“品味作品中富于表现力的语言”落实到预习中。

三 学法指津

(一)背景助读法

吴伯箫(原名熙成),中国当代著名的教育家和文学家,1906年出生并成长于山东的一个乡村。1925年考入北京师范大学,开始文学创作。20世纪30年代在山东当老师,期间创作了不少散文,《灯笼》就是其中之一。20世纪30年代末,到延安参加革命。

1931年9月18日,日本侵略者发动“九一八”事变,祖国的大好河山沦陷,东三省被占领,而国民党当局竟然采用“不抵抗”政策,军阀混战,国将不国,无数爱国仁人志士的心在滴血。这便是《灯笼》一文中“于今灯笼又不够了”的“今”! 所以,文中说:“那灯笼上你不希望写的几个斗方大字是霍骠姚,是汉将李广,是唐朝裴公吗?”还有奋勇杀敌的将军辛弃疾,“雪夜入蔡”成功讨伐淮西叛军的李愬,“壮”! 国难当头,吴伯箫用《灯笼》呼吁“将领”保家卫国,更向读者展现了一位知识分子执着追求革命、与民族共患难的激越的家国情怀!

（二）叙议结合法

夹叙夹议在散文写法中很常见。《灯笼》以情感表达为旨归，娴熟运用多种表达方式，繁而不乱，记叙、描写、议论、抒情交错进行、浑然一体，而叙议结合在本文中表现得非常充分。如文章第1段的关键语"爱光明""喜欢火""喜欢亮光"都是议论，而在暗屋子点亮灯让哭的宝儿止住哭声则是记叙；第2段话说完灯笼的琐碎事件后，一句"真的，灯笼的缘结得太多了……"既是议论又是抒情；第3段末尾句和第2段末尾句有异曲同工之妙，"静穆"是评论当年那种氛围，而"思慕"则是深厚的怀念。文中表达的个人做马前卒的誓愿同样是叙述后的议论，尾段进一步抒情明志："唉，壮，于今灯笼又不够了。应该数火把，数探海灯，数燎原的一把烈火！"作者忧虑时局，期望未来，希望有更凝聚的强大力量团结抗战，驱逐侵略者，保卫美好的家国。文章的思想境界在这议论与抒情中得以升华。

四 拓展致用

课外可再读吴伯箫的其他散文作品，如其早期散文集《羽书》中的名篇，及写于新中国成立后的收录于《北极星》中的散文，体会同一作者写于两个时代的散文的不同。

（一）牛刀小试

阅读下面的文章，完成后面的训练。

野菊花（节选）

陈　创

野菊花！野菊花开在山野里。

有谁见过这般豪放壮烈的花云？有谁闻过这么沉郁凝重的药香？那样泼泼辣辣地开，一簇一簇，一摊一摊，一坡一坡，灿烂辉煌！

花朵不过一分镍币大小，密密匝匝，重重叠叠，织造出淮河堤畔、大别山麓梦幻般神奇的织锦，分明是太阳和月亮灼目滚烫的合金，让造物主随意倾倒泼洒在这里，叫人心灵久久震颤。

几番秋风秋雨秋霜，山野早已敛去辽阔的绿鬓，只把灰褐的脊背袒露世间；曾经被悠逸的白云衬托得如此高远的天空，也被铅灰压缩了胸臆；紫燕和鸿雁归飞的呼唤，杳然寂灭在江南的路上，留下了水牛和山羊的哞咩，在枯草败叶间低回……纵然是松柏也已减色，纵然是檀竹也已落魄，唯独野菊花，却以她野性的勇敢和进取,在这片天空下,这片山野上,举起开放的拓展的金旗,“欲与西风战一场,遍身穿就黄金甲”。

多少墨客骚人奉和酬唱,把菊魂菊意唱彻历朝历代;唱的大多是庭院、公园、花盆里的名菊。比起野菊花来,这些被驯化、供玩赏的同类,不免沾染着脂粉气、奶油味,显得矫饰和做作。宁愿入汤入药、成渣成泥,决不任人摆布、供人亵玩——这就是野菊花!

野菊花自有野菊花不惑无悔的性格和气质。

她不禁锢自己。有花就尽情地开,有香就尽情地放。这一朵迟迟不肯谢去,那一朵挣出半个脸来就开了,从茎顶,从肋下,一下子冒出那么多花骨朵儿,仿佛一夜之间被风雨唤醒,就一齐把眼睁开,睁得又圆又亮,再也不想闭去。白天盯住太阳,夜晚盯住星星月亮,那份野性,连日月星辰也只能轮番伺候。她把金子般的本色毫不掩饰地宣泄成河成瀑,又把琥珀色的药香毫无保留地聚散如云如雾。这时,假若你静下心来,你会从袅袅升腾、忽聚忽散的浓香里谛听到广东音乐《金蛇狂舞》的活跃,琵琶古曲《十面埋伏》的壮烈……

她不固守现状。匍匐的枝条看似软弱,却从不攀缘依附。这枝被折去,更多的芽箭立即射出,迅速占领周围的地面,把墨玉般羽状分裂的叶片扩张开来,铺展如苍鹰翼翮(翅膀),拥护着黄花,风来想凌空而去,云过含不尽向往,活脱是一幅潘天寿饱含金石意味的《鹰瞵图》,从大别山巅垂挂到淮河水沿。当霜雪卷藏这轴鸿篇巨制时,她的宿根却在这片沉重而冷静的土地下酝酿谋划,将屈原“上下求索”的浩歌冻结在心,待时以蹿发。今年崖头岭上的几株,明年一定发展成簇;今年篱前坎下的数丛,明年一定繁衍成龙,星散的,要汇集;成块的,要连片。然后,在荒滩野坡,在贫瘠却是自由的土地上,左冲右突,向着四面八方扩张、挺进,步步为营,为营步步。不知是山野滋育了她的野性,还是她的野性诱发了山野的野味野情。

哦,野菊花,这野性的精灵!这野性的勇敢和进取!想怎么开就怎么开,想在哪儿开就在哪儿开。你根本辖制不住她,她也从不约束自己。西风里,严霜下,万花纷谢的境遇中,孤军奋战,举一面嫩金、黄金、赤金锻造的大旗,鲜明如火,嘹亮如歌,浓烈如酒,狂放如战胜者的开怀肆笑。

这是一种怎样的野性的美啊!而这野性美又以其烛照天地的光芒,投射在她开放的态势和拓展的行动之中，于生命的运行里发现自我，表现自我，实现自我，叫人体味出一种人生境界，才有久久的震颤回荡在心……

（有改动）

学法指引

这篇散文中的“野菊花”与《灯笼》中的“灯笼”之间有异曲同工之妙。虽然作者写的是“野菊花”，但是字里行间却透露出了很多对“不任人摆布”“自由生活”的向往。这篇文章中的“野菊花”最先是以实物的形式出现在作者笔下的，接着作者书写了那些诗文中的“菊花”形象，然后从菊花的具体形象慢慢上升到抽象形象。“野菊花”本身具有实物角度的意义，即我们生活中常见的菊花，具有坚贞、勇敢的形象特点。同时，这个内容也上升到更高层面，将野菊花拟人化，将它比成那些具有自由精神的人。我们在学习和分析这篇文章的时候要把握抽象意义上的野菊花的形象特点。通过一些字词句、情感以及意象的赏析来理解作者所要表达的深层次含义。由此可展示菊花“不禁锢自己”“不固守现状”的野性形象，与此同时可表现作者对野菊花的赞美之情，文章字句之间融合了作者对自由的向往之情。所以在分析的时候适合从“文字—表层意思—抽象意义”这样的顺序入手。如此，才能够一层一层地进行分析，达到深入理解的目的。

本文主要描述“野菊花”艰苦的成长环境，在颜色、形状的选择上偏向自由张扬。因此，这种花与传统的花卉相比有很大的不同。而透过这个内容的对比分析，就能够比较好地认识野菊花的特点。这些野菊花成为自由的象征，她们生活得比较自在，与那些被驯化的植物相比，野菊花可能更加有生命力。野菊花的生存环境比较特殊，在特殊的环境中，这些野菊花生成了一种桀骜不驯的美。语言的表达需要技巧，所以为了表达出特殊的情感，文章在语言上还采用了多样化的表现手法，具有极强的感染力。

1. 文章表达野菊花的“野”，但是这种“野”又体现在哪几个方面呢?

2. 从修辞的角度赏析“西风里，严霜下，万花纷谢的境遇中，孤军奋战，举一面嫩金、黄金、赤金锻造的大旗，鲜明如火，嘹亮如歌，浓烈如酒，狂放如战胜者的开怀肆笑”。

3. 你知道我国古代有哪些爱菊的诗人？请你写出一句关于“菊”的诗句。

(二)独闯天涯

阅读下面的文章,完成后面的训练。

马(节选)

吴伯箫

也许是缘分,从孩提时候我就喜欢马。三四岁,话怕才咿呀会说,亦复刚刚记事,朦胧想着,仿佛家门前,老槐树荫下,站满了大圈人,说不定是送四姑走呢。老长工张五,从东院牵出马来,鞍鞯都已齐备,右手是长鞭,先就笑着嚷:跟姑姑去吧?说着一手揽上了鞍去,我就高兴着忸怩学唱:“骑白马,吭铃吭铃到娘家……”大家都笑了。准是父亲,我是喜欢父亲而却更怕父亲的,说:“下来吧!小小的就这样皮。”一团高兴全飞了。下不及,躲在了祖母跟前。

人,说着就会慢慢儿大的。坡里移来的小桃树,在菜园里都长满了一掜。姐姐出阁了呢。那远远的山庄里,土财主。每次搬回来住娘家,母亲和我们弟弟,总是于夕阳的辉照中,在庄头眺望的。远远听见了銮铃声响,隔着疏疏的杨柳,隐约望见了在马上招手的客人,母亲总禁不住先喜欢得落泪,我们也快活得像几只鸟,叫着跑着迎上去。问着好,从伙计的手中接过马辔来,姐姐总说:“又长高了。”车门口,也是彼此问着好;客人尽管是一边笑着,偷回首却是满手帕的泪。

家乡的日子是有趣的。大年初三四,人正闲,衣裳正新,春联的颜色与小孩的兴致正浓。村里有马的人家,都相将牵出了马来。雪掩春田,正好驰骤竞赛呢。总也有三五匹吧,骑师是各自当家的。我们的,例由比我大不了几岁的叔父负责,叔父骑腻了,就是我的事。观众不少啊:阖村的祖伯叔,兄弟行辈,年老的太太,较小的邻舍侄妹,一凑就是近百的数目。崭新的年衣,咳笑的乱语,是同了那头上亮着的一碧晴空比着光彩的。骑马的人自然更是鼓舞有加喽。一鞭扬起,真像霹雳弦惊,飕飕的那耳边风丝,恰应着一个满心的矜持与欢快。驰骋往返,非到了马放大汗不歇。毕剥的鞭炮声中,马打着响鼻,像是凯旋,人散了。那是一幅春郊试马图。

那样直到上元,总是有马骑的亲戚家人来人往,驴骡而外,代步的就是马。那些日子,家里最热闹,年轻人也正蓬勃有生气。姑表堆里,不是常常少不了戏谑吗?春酒筵后,不下象棋的,就出门遛几趟马。

孟春雨霁，滑汰的道上，骑了马看卷去的凉云，麦苗承着残滴，草木吐着新翠，那一脉清鲜的泥土气息，直会沁人心脾。残虹拂马鞍，景致也是宜人的。

端阳，正是初夏，天气多少热了起来。穿了单衣，戴着箬笠，骑马去看戚友，在途中，偶尔河边停步，攀着柳条，乘乘凉，顺便也数数清流的游鱼，听三两渔父，应着活浪活浪的水声，哼着小调儿，这境界一品尚书是不换的，不然，远道归来，恰当日衔半山，残照红于榴花，驱马过三家村边，酒旗飘处，斜睨着“闻香下马”那么几个斗方大字，你不馋得口流涎吗？才怪！鞭子垂在身边，摇摆着，狗咬也不怕。“小妞！吃饭啦，还不给我回家！”你瞧，已是吃大家饭的黄昏时分了呢。把缰绳一提，我也赶我的路，到家掌灯了，最喜那满天星斗。

真是家乡的日子是有趣的。

……

（有改动）

1.结合选文内容分条概括家乡的日子有趣在什么地方。

2.文章以童年和少年时期在家乡骑马为线索，表达了作者________之情。

3.本文题目为“马”，但文中并没有对马的形象进行直接的描绘，而是融合了描写、抒情、议论等多种表达方式来写马为作者的童年、少年带来的乐趣。相信同学们也有过和吴伯箫老先生类似的经历，请你用一段文字，用描写、抒情、议论等多种表达方式（至少选择一种）来描绘你所喜欢的动物形象。

名师点拨

吴伯箫是著名的文学家，在抗战时期写了很多的作品。这篇文章中并未直接描写马的样子和特点，而是写马在自己童年、少年成长过程中带来的乐趣。通过这些成长的趣事来描绘、勾勒出心中关于马的美好形象，同时也就让描写的内容更加真实，描写的形象更加饱满。文章中用“我有点儿想家”来推动情感的发展，第一次出现“家乡的日子是有趣的”就是从对故乡的回忆慢慢转向对亲情的回忆，感情自然又进了一步。结尾处再一次出现“家”这个内容，就是对前文情感的一个归纳，将自己成年后的坎坷和寂寞同儿时在家中的欢乐形成对比，展示出了对故乡亲人那种深深的眷念之情。文章中写的是“马”，但是又借助马这个形象来写人生，作者此时的精神世界有些迷惘和寂寞，而暂时回到童年时代就能够从故乡这片热土地上汲取更多的力量。回到过去总要有最典型的物象来作为情感抒发的立足点。作者想到了故乡的马，所以文章借着写马来写自己过去的生活，依托对过去生活的回顾来展示自己对亲情的眷念，表达自己浓浓的思乡之情。这种思想感情恰恰是大多数中年人在背负承重生活负担之时的感受，他们期待自己能有精神休憩的港湾，这样人才能更好地前进。从故乡中体味亲情，从亲情中汲取力量，那么就能够更好地去完成自己的责任和使命，去走完精彩的人生全程！

(三)剑指中考

阅读《野菊花》(节选)，完成下面的训练。(20分)

1. 文章描述野菊花按照从具体到抽象的逻辑展开，试说明前面三段是从哪些角度介绍野菊花的。(3分)

2. 说说"这时，假若你静下心来，你会从袅袅升腾、忽聚忽散的浓香里谛听到广东音乐《金蛇狂舞》的活跃，琵琶古曲《十面埋伏》的壮烈……"一句的表达效果。(4分)

3. 文章第4段为何要描写在秋风秋雨秋霜中，山野失绿，大雁南飞，松柏减色，檀竹落魄？有何作用?(4分)

4. 文章最后一段有何作用?(4分)

5. 读完本文，你从野菊花身上学到了些什么?(5分)

参考答案

第一章　传记类文章学法指津

第一节 《列夫·托尔斯泰》及类文的学法指津

(一)牛刀小试

1.C

2.连用两个比喻句,将司汤达的面孔比作了哈巴狗的面孔,将他的鼻子比作了短粗块的茎,形象生动地写出了司汤达粗俗丑陋、令人讨厌的外貌。

3.作者运用正面和侧面描写相结合的手法,特写了司汤达的面孔、鼻子、眼睛、额头等身体部件;引用他人的话再次验证司汤达相貌的丑陋平庸;运用很多个性鲜明的比喻修辞,生动形象地刻画出了司汤达笨重、粗俗、最丑恶的资产阶级庸人相。

(二)独闯天涯

1.A

2.贝多芬的外表平淡无奇甚至有些丑陋。文章从身材、脸庞、额角、头发、眼睛、鼻子、嘴唇、牙齿、脸上肌肉等进行了立体、细致、生动的刻画,凸显了贝多芬肖像的平庸丑陋。

3.文中从微笑、表情等处显露出他性格的矛盾、忧郁,有艺术家气质:他的微笑,虽很美,却阴晴不定,总在很短时间内变得粗野、不愉快甚至是难看;表情更是满含哀伤;他的脸色也是时常变化让人难以捉摸。

(三)剑指中考

1.B(3分)

2.细节描写(1分);通过隆起、膨胀、发抖等动作描写(2分);刻画出贝多芬在很短时间内面部表情变得粗野、不愉快甚至是难看,淋漓尽致地展现出贝多芬性情上的狂乱躁动(2分)。

3.贝多芬的童年历经了人生诸多的苦难坎坷,但他没有屈从于命运,他的身上自始至终充满着一种与生活、与命运抗争的精神,终于铸就了传世经典之作(3分);作为中学生,生活在新时代,虽然不会像贝多芬一样命途多舛,但我们同样要居安思危,多历经磨难与挫折,并永远保持奋发进取之心,书写自己的传奇(3分)。

第二节 《美丽的颜色》及类文的学法指津

(一)牛刀小试

1.D

2.不矛盾。巴尔博亚是第一个横渡浩瀚大西洋后看见太平洋的人,这是名垂千古的壮举。但面对印第安土著民他下令进行残酷的大屠杀，令人发指。他的身上兼具英雄的气质和殖民者的残暴。

3.他有虔诚信仰，有胆识、献身精神，取得了伟大的英雄业绩，有英雄的气质。同时他又尔虞我诈、残忍狠辣，有殖民者的残暴。他集崇高与卑鄙、创造与毁灭于一身，具有复杂的形象。

（二）独闯天涯

1.B

2.首先是诚实的本性，如实说是自己杜撰的；其次是机敏，“尧和皋陶”一说是根据“帝尧之圣德”来进行杜撰的，更显东坡的智慧。

3.结合文章内容分析，言之有理即可。

示例一：认同。将“首卷”改为“二卷”不影响应考者最终的结果，又符合文化传统，是合理的。

示例二：不认同。首先，考试选才应公正、公平。若因“避嫌”而致使考生没能获得应得的成绩，是损害公正、公平的行为，不可取。其次，历史上不乏“举贤不避亲”的先例。

（三）剑指中考

1.（1）因为他不愿与人分享第一次看见这未知的大洋的殊荣；（2）距离目标已不远，路途也不艰险，巴尔博亚认为自己一个人能前行。（各2分，共4分）

2.“怦怦直跳”“举旗”“提剑”“缓缓登山”“不慌不忙地慢慢走”，通过动作描写，生动细致地表现了他庄重的姿态、严肃的形貌。并将这“孤单的背影”置于“广阔无垠”的背景中，用宏大的背景来衬托巴尔博亚“最壮丽的英雄业绩”。（4分）

3.提示：围绕巴尔博亚对人生使命的履行、追求等来谈，观点鲜明，言之有理即可。（5分）

示例：巴尔博亚对自己的人生使命具有高度敏锐性。作为探险家的他深知抓住这次机会，他将完成名垂千古的壮举。（2分）作为生命个体，我们应明晰自己的人生使命与人生理想，对此多一份敏锐，勇敢追求。将自己的人生价值熔铸于伟大的事业中，不懈拼搏。（3分）

第三节 《周亚夫军细柳》及类文的学法指津

（一）牛刀小试

1.侧面描写，烘托出周亚夫具有杰出的军事才能，深得皇帝信任。

2.表现出周亚夫“不逊”和恪尽职守、刚正不阿的品质。

3.反问句，加强语气，突出周亚夫不赞成封徐卢为侯的坚定态度，表现出周亚夫作为一国丞相，绝不曲意奉承讨好皇帝而坚持原则、坚守臣节、坚持正道的性格品质。

（二）独闯天涯

1.（1）孔子是品德高尚的人，他所讽刺抨击的都切中诸侯的弊病、缺点。

（2）老师的学说（思想体系）已经建立并完善起来却不被采用，这是拥有国家权力的人的耻辱。

2. 子路和子贡的回答，虽然角度不同，但都在质疑夫子之道，表现出二人在“穷”境之中的信仰危机，因此被孔子批评。颜回的回答，审时度势并坚定要推广和实践自己的学说，这契合了孔子“一以贯之”的思想。

3. 从孔子在野外被围困，粮食断绝，却能讲习、诵经、弹琴、唱歌不绝，坚持努力推广和实践自己的学说，而不是降低自己的标准来让他人接受、容纳自己，可以看出孔子安贫乐道、高洁傲岸、坚定志向和敢于追求的优秀品质。

(三)剑指中考

1.(1)授予官职；(2)命令，派遣；(3)等到，到了；(4)指给某人看。(每个1分，共4分)

2.(1)过了五年，周亚夫升为丞相，汉景帝很器重他。(共2分：准确译出“岁”“迁”“甚”得1分，语意连贯自然得1分)

(2)那个人(他)背叛了他的君主后投降陛下，如果陛下封他为侯，那您还凭借什么来责备不守节操的臣子呢？(共2分：准确译出“彼”“侯”“何以”得1分，语意连贯自然得1分)

3. 周亚夫不同意汉景帝废黜栗太子；周亚夫不同意封王信为侯；周亚夫不同意封匈奴王徐卢为侯；周亚夫受儿子牵连被诬陷谋反，获罪下狱绝食而死。(四件事，共2分)这些事件表现出周亚夫坚持原则、坚守正道、坚守臣节、恪尽职守、刚正不阿、正直忠诚的性格品质(1分)。

4. 这句话从语言角度对周亚夫进行正面描写(2分)，表现出周亚夫具有卓越的军事才能和卫国戍边的责任担当(2分)。

第二章 游记类文章学法指津

第一节 《与朱元思书》及类文的学法指津

(一)牛刀小试

1.(1)鸣叫;(2)包含;(3)具备;(4)只,仅仅。

2.(我)既然向来推崇隐居,就在那山上筑了房子。

3.C

4.不慕荣利,崇尚淡泊宁静

(二)独闯天涯

1.(1)夹杂;(2)这当中;(3)等到;(4)生长。

2.常常回忆往昔(与你同游的日子),你与我手牵手吟诵诗歌,在狭窄的小路上漫步,临近那清澈流水的情景。

3.C

4.示例:(1)动静结合。文中将静止的草木、麦田与跃动的游鱼、白鸥结合,具有很强的画面感。(2)调动多种感官。如"轻鯈出水""露湿青皋"等是视觉描写,"麦陇朝雊"则是听觉描写,视听结合,绘声绘色,让读者有身临其境之感。

(三)剑指中考

1.(4分)(1)筹划,治理;(2)同"返",返回;(3)在夜里;(4)天性。

2.(4分)(1)湍急的江流比箭还快,那惊涛骇浪像飞奔的马。

(2)这些景色离现在不远了,(您)能和我一起游玩吗?

3.(3分)D

4.(4分)(1)都传达出对功名利禄的鄙弃(2分);(2)都表达出对大自然美丽景色的热爱,希望寄情山水。(2分)

第二节 《登勃朗峰》及类文的学法指津

(一)牛刀小试

1.从三个方面来写泰山很大。写泰山的宏大,作者列举了不同文化人对泰山的描述;写泰山政治文化内涵的博大,从不同帝王的封禅的角度;写泰山对人的心灵产生强大的震撼,从作者自身对泰山的认识变化的角度。

2.围绕汪曾祺的语言风格充满幽默谐趣、质朴淳厚、平易真切的特点赏析即可。

3.无论是文人、帝王还是游客，泰山都照出了他们各自的不同。杜甫、李白等人的思想、才情、风格和志趣从描写泰山的诗文中一一体现。而从秦始皇、汉武帝的封禅行为中，体现了他们夸大了的人格和微弱；而当作者再次登临泰山，又显示了他的认识变化：他清楚地认识到自己的微小和平常。

(二)独闯天涯

1.走向阳关、到达阳关。悲哀或惋惜之情。

2.这里运用了三组排比修辞，罗列出作者想象中荒原的战争场面，强烈地表达作者对这些古战场中亡魂的深切同情和崇敬之情。

3.作者的用意是把欧洲艺术家的自信能够在历史中延续和唐代文人没能延续久远形成对比，突出了作者对中华文化失落了这种自信的惋惜和悲凉之情。

(三)剑指中考

1.D(3分)

2.营造出一种荒凉(或萧索)的氛围(或展现环境的恶劣)，(1分)为全文定下了伤感的基调，(1分)引出下文对王维以及唐人风范的描述。(1分)

3.唐代没有把属于艺术家的自信延续久远，艺术只是为了制造娱乐。(2分)西出阳关的文人大多是谪官逐臣，抒发的只是叹息。(2分)

4.在内容上，作者带着这种情怀离开了阳关，语调忧伤，情绪低落(2分)；结构方面，“怕还要下雪”，照应题目的“雪”字，也表达了此时的情绪(2分)。

第三节 《一滴水经过丽江》及类文的学法指津

(一)牛刀小试

1.B

2.(1)运用比喻的修辞手法，把组成威尼斯城的诸岛比作花丛，同时运用以动写静的写法，给人梦幻般的美妙感受，表达了作者对威尼斯城的喜爱之情。

(2)运用拟人的修辞手法，生动形象地描写威尼斯的初夏仍然保留着春天的景色，就好像一个人刚刚离去，人们依稀还能看见他的背影。表达了作者的依依不舍之情，使景色增添了感染力。

3.(1)“中国人到此，仿佛在江南的水乡。”这一句话表达出：威尼斯的“水中之城”的美景，引起了作者心中强烈的思乡之情。

(2)“夏初从欧洲北部来的，在这儿还可看见清清楚楚的春天的背影。”该句写出了威尼斯初夏的景色中还保留着一些春光，只可惜已是“背影”。表达出作者对春光深深的依恋之情。

(3)“海水那么绿，那么酽，会带你到梦中去。”这一句描写极言海水的绿、酽。身在此中，使人仿佛进入梦境。由此可见，美景简直让人陶醉到如梦如幻的程度！

(二)独闯天涯

1.乘车前往秦俑馆的路上；精美的艺术国宝；自豪感与幸福感更强。

2.这句话运用了对偶、排比的修辞手法,句式整齐,读起来朗朗上口,同时还从听觉、视觉等多种感官角度描写,表达了作者对秦俑馆的期待以及即将见到它的兴奋之情。

3.作用:承上启下。承上写作者在路上的见闻和感受,启下写作者对秦兵马俑的所见、所闻、所感。

(三)剑指中考

1.C(3分)

2.首先,八百里秦川历时上下数千年,历史悠久(1分);其次,这里曾是中华文化的中心,有灿烂的诗歌文化,诗歌广为流传,不绝于耳(1分);再次,有许多像兵马俑这样闻名遐迩的历史遗迹(1分)。

3.“愉快”“兴奋”是因为“我”不远千里,来到西安,将要参观著名的历史遗迹兵马俑(1分)。“怅惘”是因为时光的变迁,曾经的繁华都变成了历史(1分);“冷静”是因为作者清醒地感到,这样的国宝,只是中华文明的一部分(1分);“骄傲”是因为我们的祖先在数千年来,创造了灿烂辉煌的文明,这无疑是令每一个中国人自豪的事情(1分)。

4.该句“仿佛”一词表明作者调动想象,几个“有的”还运用了排比的修辞手法(1分);不仅把眼前的兵马俑写活了,还突出了兵马俑栩栩如生的特点(1分);更反映出作者见到这一奇迹时难以抑制的自豪和激动之情(2分)。

5.作者首先描述途中的见闻和感受,通过环境描写烘托了作者内心无比激动和崇敬之情(1分);渲染了庄严、肃穆的气氛(1分);由所见、所感引出下文对秦兵马俑的描写(1分);能更好地表达作者对秦俑文化的自豪和骄傲,流露的情感在行文中逐步加深(2分)。

第三章　科普类文章学法指津

第一节　《蝉》及类文的学法指津

(一)牛刀小试

1.(1)执行搜寻任务;(2)当“间谍”。

2.因为昆虫的体积小,不易被发现,而且昆虫的灵活性和敏捷性是其他动物无法比拟的。

3.“不久的将来”表时间限制,说明时间不会太久远;“很可能”表推测,说明作者对昆虫成为真正意义上的“昆虫间谍”充满信心。这些词语的运用使语言表达更加准确。

(二)独闯天涯

1.参考示意图:

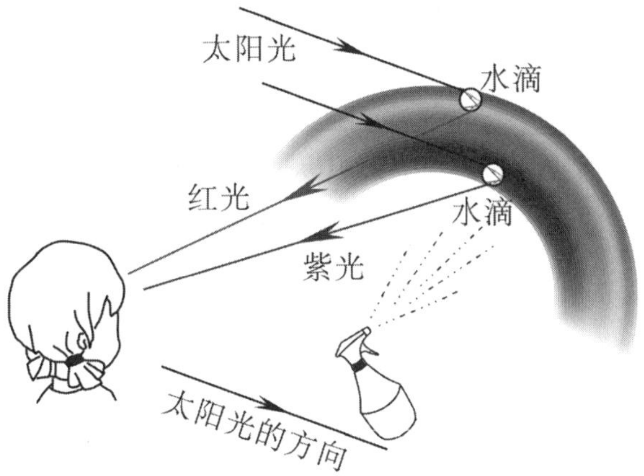

2.夏季多雷阵雨,雨滴较大。

3.特点:散文化的语言,大量运用比喻和拟人的修辞。作用:具有画面感,更形象地描绘出彩虹的绚丽及其变幻状态。使说明文的语言生动、形象,给人以美的感受。

(三)剑指中考

1.点明本文的说明对象;设置悬念,激发读者的阅读兴趣。(4分)

2.降雨后,阳光被空中的雨滴折射、反射,便形成了彩虹;光线在雨点内产生了二次内反射,便形成了第二道彩虹霓。因此便出现了双彩虹。(4分)

3.作诠释,作比较,生动形象地突出了霓的特点,易于读者理解。(4分)

4.丰富了文章内容,使文章富有文化气息。(4分)

5.本文引用1981年英国人工降雨产生彩虹一事作结,再次强调了说明对象——彩虹,激发了人们的阅读兴趣。(4分)

第二节 《梦回繁华》及类文的学法指津

(一)牛刀小试

1.C

2.这是作引用的说明方法,引用徐悲鸿的话,从侧面说明范宽的《溪山行旅图》成就高、价值大、影响深远,是“北宋山水画的力作”,使文章内容更真实可信,更有权威性。

3.不能调换。第2段写《溪山行旅图》的内容,第3段写绘画手法,要先对画作的内容有所了解,才能鉴赏其手法,这符合人们认识事物的逻辑顺序,如果调换过来,不符合人们的认知规律。

(二)独闯天涯

1.C

2.(1)第2段把顾恺之画中的山水与《游春图》中的山水进行比较,突出《游春图》对于山水的布局、尺寸以及人与山水的比例关系都把握得比较好;(2)第3段把六朝山水画与《游春图》进行比较,突出《游春图》比例匀称、轻重有致的特点;(3)这些都是《游春图》超越前人的地方,从而体现了题目中所说的“开山之作”。(4)所以,第2、3段运用作比较的说明方法,是紧扣题目来写的。

3.本文最后一段不能调到第1段之后。因为本文最后一段着重介绍的是展子虔技艺精湛且“画作的题材十分广泛”,并非介绍展子虔在山水画方面的成就,因而也就不是本文的主题,它只是起补充交代的作用。

(三)剑指中考

1.逻辑顺序(1分),《游春图》的画法(1分),作者及其成就(1分)。

2.(1)《游春图》是存世的山水卷轴画中年代最早、保存非常完整的一幅(1分);(2)《游春图》恰当地处理了画中人与山水的关系,体现了较高的山水树木的绘画技巧(1分);(3)《游春图》与六朝山水画相比,更合乎视觉自然比例,匀称得多,轻重有致(1分);(4)《游春图》构图壮阔沉静,设色古艳,富有典丽的装饰意味,体现出承上启下的风格,也标志着山水画即将进入成熟期(1分)。(评分建议:可用原文词句作答,也可自行概括,意思相近即可。)

3.不能删掉(1分)。“迄今发现的”意思是到现在为止发现的(1分),表明《游春图》作为年代最早、保存非常完整的山水画卷,仅限于目前已经发现的古代画卷这个范围,不排除未来有可能发现新的更早、更完整的山水画卷(1分)。如果删去,意思太绝对,表述不够准确。“迄今发现的”体现了说明文语言的准确性(1分)。

4.第2段主要采用作比较的说明方法(1分),把顾恺之画中的山水与《游春图》中的山水进行比较(1分),突出《游春图》对于山水的布局、尺寸以及人与山水的比例关系都把握得比较好,突出了“开山之作”这一地位(2分)。

5.(1)要充分了解这幅画的创作背景,明白其在中国传统绘画中的地位;(2)要对画面内容进行细致观察、鉴赏,品出其中的精妙之处;(3)要了解一些绘画技巧、手法,品析这幅画在画法方面的成功之处;(4)要充分了解画作的作者,了解作者在绘画方面的成就,了解作者的创作动机。(任意谈到其中两点即可,每点2分。)

第三节 《大雁归来》及类文的学法指津

(一)牛刀小试

1.喜悦、无奈(苦恼)、悲伤(痛苦)

2.离开自然,不能从自然实践中获得自然之美,只能从书本上获得。

3.点明中心,深化主题:人类过度开采,其实就是在自取灭亡,我们要学会珍惜大自然,与大自然和平相处,一切才能和谐发展。

(二)独闯天涯

1.(1)保护环境和粮食;(2)维护生物多样性;(3)在仿生学中发挥重要作用;(4)在环境监测方面发挥作用;(5)直接为人类提供生活之需。

2.不能调换,因为第④⑤段说明鸟类能够维护生物多样性,有协调的作用;第⑥段说明鸟类在仿生学上的重要作用;它们是先主后次的顺序,如果调换,与说明顺序不相符。

3.(1)栖息地破坏和改变;(2)人类捕杀;(3)外来物种竞争、国际贸易、污染。

(三)剑指中考

1.第③段写鸟类可以捕食害虫(2分);第④段写鸟类与其他动植物相互依存(2分)。

2.运用列数字的说明方法(1分),具体准确地说明了鸟类濒临灭绝的原因(2分),以及各自所占的比例,引起人们的思考(1分)。

3.不能删去(1分),“差不多”表大概,不分上下(1分)。如果删去就成了1吨就是1万只野生鸟,太绝对了,不符合客观事实(1分),体现了说明文语言的准确性和周密性(1分)。

4.万事万物都是相互依存的,某种鸟类的灭绝,就意味着某种植被也将走向消失,就如食物链一样,植物的不断减少,二氧化碳不断增多,沙漠化越来越严重,进而人类也会陷入生存危机,不利于社会的发展,所以呼吁我们人类与大自然和谐相处。

第四节 《时间的脚印》及类文学法点拨

(一)牛刀小试

1.地球的多彩衣裳;知冷暖的地球彩衣;为地球穿上更舒适的“彩衣”等。文章题目:变幻多彩的地球。

2.“旅行”一词运用了拟人修辞,将阳光人格化,生动形象地诠释了两极气候寒冷、终年积雪的原因,体现了说明文语言的生动、有趣。

3.列数字:通过列举许多数据,具体直接地说明了蓝色“衣裳”和黄色“衣裳”的面积大小。作比较:通过对海洋和沙漠的比较,具体说明了海洋对气温有调节作用,所以海洋附近冬暖夏凉。而沙漠则相反。作诠释:清楚贴切地说明了沙漠地区由于地形的原因,温差特别大。

(二)独闯天涯

1.特点、成因、危害。

2.分类别:课文将怪风进行分类列举,分为“焚风”“布拉风”“台风”“龙卷风”“微风”五种,层次清晰地进行介绍,使文章条理清楚、逻辑严谨。列数字:课文用了一系列数字来说明各类怪风的发生时间、特点、形成过程、对人类的危害等,这样说明使要介绍的内容更准确,更有利于读者实实在在地了解科普内容。举例子:“比如,人们在经常出现“钦罗克”风的地方种植一些作物和果树,便可利用“钦罗克”风带来的热量来促进植物的生长,从而使当地也可种植一些原本要栽在南方的植物”一句,通过举例子的说明方法,说明了利用怪风对人类社会的作用,使要表达的内容更具体,有利于读者理解怪风带来的具体作用。

3.(1)利用大自然,为人类造福;(2)采取防范措施,避免或减少大自然对人类的危害;(3)从大自然的规律中获得启示或警醒;(4)认识自然,丰富我们的科学知识;(5)激发后人探索大自然的欲望等。

(三)剑指中考

1.通过风这种自然现象引出本文的说明对象(3分)。

2.不能调换(1分)。焚风、布拉风、台风、龙卷风的破坏力大小呈递增的逻辑关系,“微风”之所以放在最后,是因为它属于特殊情况(2分)。这样安排说明顺序,体现了严谨的逻辑关系(1分)。

3.不能删去(1分)。删去之后句子的意思就变成了飓风上岸潮高刚好6米,顷刻之间刚好20万人成鱼鳖,100万人无家可归。这不符合客观事实(1分)。所以“约”“多”这样的修饰限制的字,使文章更加真实(1分)。这体现了说明文语言的准确、严谨的特点(1分)。

4.运用了举例子、列数字的说明方法(1分),具体准确地写出了上海曾遭受了惨烈的龙卷风(2分),突出强调了龙卷风的破坏力之大(1分)。

5.答题要求:能体现说明文语言生动、形象、有趣的特点,符合生活真实,没有知识性的错即可(4分)。

第四章　散文类(古代)文章学法指津

第一节 《核舟记》及类文的学法指津

(一)牛刀小试

1.(1)通“又”,用于连接整数和零数;(2)看;(3)假如,如果;(4)欺骗,骗。

2.(1)原来是挑选长而窄的桃核雕刻而成的。

(2)但是有谁能在不到一寸的材料上用刀轻松自如地进行雕刻,却又能刻得胡须眉毛都十分清楚的呢?

3.作者首先将王叔远与《庄子》《列子》笔下的奇人奇技相提并论,称赞王叔远雕刻核舟的技艺之神;再现身说法,表明自己是在有实物印证的情况下才相信这样的奇技,突出王叔远的技艺之妙;最后引用“棘刺母猴”的先秦典故,反其意而用之,盛赞王叔远的高超技艺犹如能在棘木刺尖端刻出沐猴般的神奇。由此得出“嘻,技亦灵怪矣哉”的结论。

(二)独闯天涯

1.(1)左右;(2)清楚,分明;(3)用绳拴着;(4)吹火。

2.(1)松树东面来了一个和尚,背着佛经匆忙地前行,好像是刚参加完佛教活动晚归的人。(2)在(微小的)芥菜子中容纳(巨大的)须弥山,大概说的就是这种情形吧。

3.不多余。此段是分类说明雕刻在桃坠上的人、物、景之多,人的活动之丰富,各自神情态度都不同,既是对前文内容的概括,更是与首句所写桃坠“长五分许,横广四分”的形体之小形成鲜明对比,充分说明了桃坠的巧夺天工,雕刻工人技艺之高。

(三)剑指中考(15分)

1.张潮;《虞初新志》。(2分)

2.(1)像;(2)弯曲;(3)倚,靠;(4)像,相似。(4分)

3.(1)他们紧靠着的两膝,都隐蔽在手卷下边的衣褶里。(2)我最小的弟弟得到了一枚桃核坠子,它长五分左右,横宽四分。(4分)

4.逻辑顺序(由主到次);空间顺序(先中间再两边);空间顺序(由上至下、由外到内、由边缘到中心);“户内一僧,侧首倾听”“有客凭几假寐,形若渐寤然”“貌爽爽自得,睡足余兴乃尔”。(3分)

5.制作微雕艺术宣传片,增强市民的保护意识;举办微雕艺术品展览,提高知名度,扩大影响力;扶持、支持微雕工艺的发展,加大对微雕技艺的保护力度。(言之有理即可)(2分)

第二节 《马说》及类文的学法指津

(一)牛刀小试

1.(1)同“撼”,撼动,震撼;(2)名词用作动词,降水,下雨;(3)尽,到达;(4)确实,的确。

2.(1)龙吐出的气成为云,云本来不比龙灵异。

(2)真是奇异啊,龙所凭借依靠的,正是它自己生成的云。

3.(1)薄/日月,伏/光景,感/震电。(2)若/龙之灵,则非/云之所能/使为灵也。

4.(1)感叹语气。云也真是很灵异神奇啊!(2)感叹语气。失去它所凭借的云,实在是不行啊!(3)祈使语气。含蓄表达自己怀才不遇的感慨。

5.用了托物寓意的写法。借龙和云相互依存的关系喻指圣君与贤臣相互依存,缺一不可,作者借此抒发了怀才不遇的感慨,渴盼得到圣君识拔任用的愿望。

(二)独闯天涯

1.(1)立即,就;(2)有时;(3)如果;(4)指财物。

2.(1)它又喜欢向高处爬,往往用尽全身的力气也不肯停下来,以致跌落,摔死在地上。(2)等到他们因为懈怠即倒台,或者被罢官,或者遭贬谪,也是因嗜好钱财而获罪吃苦了。

3.(1)行/遇物,辄/持取,印其首/负之。

(2)虽其形/魁然大者也,其/名人也,而智/则小虫也。

4.C

(三)剑指中考(15分)

1.(1)顿;(2)用马鞭驱赶;(3)高抬;(4)停止,绝。(4分)

2.(1)只能在仆役的手下受到屈辱,跟普通的马一起死在马厩里。(2)见到钱财从不躲开,借此丰厚他们的家产,不知道钱财已成为自己的负担,还只怕财富积聚得不够多。(4分)

3.C(“今世之嗜取者”的“之”无义)(3分)

4.例:如果我是千里马却不遇伯乐,我不会灰心丧气。因为“伯乐”很重要,但并不起决定作用。作为生命个体,首先要充实自我,发展自我,增长自己的真才实学,拥有真本领;其次,要抓住机遇大胆展示,不坐等“伯乐”;第三,要有正确的价值观,修养身心,淡泊名利,知足常乐。(意合即可)(4分)

第五章　散文类(现代)文章学法指津

第一节 《散文两篇》及类文的学法指津

(一)牛刀小试

1.一江春水、一棵小树。

2.这句话用比喻的修辞手法。将生命比喻为小树,“聚集”“欠伸”等词生动形象地写出了生命力量的坚韧与奋进。

3.围绕学生自己的“苦”“乐”的事情来回答即可。

(二)独闯天涯

1.保持谦逊恭敬的姿态,赞叹人生的智慧和勇敢。

2.比喻。将“做人”比作“一门功课”“卷子”,生动形象地写出了人生的短暂与无奈,今生一定要好好把握,不给自己留下遗憾。这表现了作者对人生的珍惜。

3.坚强、勇敢、宽容。

(三)剑指中考

1.本文对生命进行了生动且形象的描述(1分),用充满哲理的语言(1分),抒发了对生命的独特感悟(1分)。

2.开篇揭示话题(1分),与题目相照应(1分),引出下文(1分),便于作者抒发自己对生命的感受(1分)。

3.这句话揭示了生命的真谛(1分)。生命在于不断地追求,不断地进步(2分),而生命的意义在于要克服困难,不断前行,否则我们将成为没有灵魂的空壳(2分)。

4.这里用了比喻的修辞手法(1分),比喻人到了一定年龄就会老了(1分),在无限感慨的同时又感到无限的幸福和快乐,所以是“美丽的黄昏”(2分)。

5.例如:《钢铁是怎样炼成的》——保尔·柯察金,《假如给我三天光明》——海伦·凯勒等(2分)。(写出一部作品、人物各2分,符合要求即可)

第二节 《昆明的雨》及类文的学法指津

(一)牛刀小试

1.A

2.欲扬先抑,写黄昏之美衬托镜泊湖的黄昏也很美。

3.我们不仅要保持乐观的心理,还需要拥有一双发现美的眼睛,我们要将生活的所有困难都当作我们宝贵的经历,每一段经历都是成长路上的重要财富,我们应倍感珍惜。

(二)独闯天涯

1.D

2.通过对冬天吃的菜的细致描写,可以看出家乡的菜给作者的印象之深刻,表达了作者对故乡的怀念和喜爱之情。

3.把蜡梅和天竺果的颜色与雪的颜色进行了鲜明的对比,突出冬天的生机盎然,同时深化主旨。

(三)剑指中考

1.上榻子;拆帐铺草;生火取暖;冬天的菜肴;冬天做的游戏;雪天折蜡梅、天竺果;舂粉子。(共4分,对3个即可)

2.表达天气寒冷(1分);上了榻子,家人团圆相聚,围坐在一起,表达融洽的家庭氛围(1分);为后文写冬天为什么在作者的心里如此深刻做铺垫(1分)。

3.该句运用动作描写(1分);生动形象地写出了踩碓的过程和乐趣(2分);表现出生活的情趣(1分)。

4.场景如:(1)上了榻子,表达严紧与安适,就好比生活中添加保护层。家人闲坐,灯火可亲。表现了温馨、其乐融融的一幕。(2)阴天下雪,喝咸菜汤。表现了心里的暖和,即使再大的雪也不冷。(3)蜡梅、天竺果、白雪表现盎然的生意,体现冬日里的色彩,展现生机勃勃的氛围。(4)踩碓很好玩,用脚一踏,吱扭一声,碓嘴扬了起来,嘭的一声,落在碓窝里。表现出儿时的愉悦,无限的开心。(场景各1分,赏析各1分,两个即4分)

5.口语化,准确、简洁、朴实,读来亲切自然。语言平实自然,但是可以充分展现诗情画意,可见作者深厚的文学功底。(共5分,2点即可)

第三节 《安塞腰鼓》及类文的学法指津

(一)牛刀小试

1.粗暴、狂野、蛮横。犹如"黑小子""儿马""叫驴"横冲直撞,不可一世。

2.不是,是借老黄风来写陕北人民的精神风貌。

3.镇定自若、处变不惊。在老黄风到来时,陕北人民依旧那么耐心、自信、欢快、活跃,相互攀谈、玩笑,甚至唱歌。

(二)独闯天涯

1.一方面作者读懂了石碑的内容,另一方面作者读懂了烈士们的牺牲精神。

2.句子使用比喻、排比、反复的修辞手法,表现纪念碑雄伟的形象,充分展示纪念碑的震撼力,表达作者沉重、凝重的思想感情。

3.语句铿锵,用一连串的短语,节奏紧凑;充分利用叠句和排比的修辞方法,使文章内容更具气势;有内在的意蕴美,传达出作家丰富而生动的情感世界。

(三)剑指中考

1.到来之前:禾苗上滚动着露珠,花瓣上颤着蜂翅,树苗长出了嫩绿的叶片(2分);到来后:庄稼倒伏于地,飞鸟撞死山崖,鸡飞狗跳,树苗被连根拔起,枯草、羽毛等全被旋上了高空(2分)。

2.比喻、拟人(2分)。将老黄风比作"黑小子""儿马""叫驴",赋予老黄风人的性格(1分),生动形象地写出了老黄风蛮横、暴虐、粗野,不可一世的形态(1分),表现出陕北人们特有的精神风貌(1分)。

3.在恶劣、艰苦的黄土高原上(2分),陕北人民依然保持着生命的坚韧和乐观豁达的精神(2分)。

4.相同点:两篇文章都用了大量的反复、排比、比喻等修辞手法(1分);运用了长短句(1分);都表达了对黄土高原的赞美(1分)。不同点:《老黄风记》是对自然现象的描摹(1分),《安塞腰鼓》描写的是黄土高原的风土人情(1分)。

5.围绕着"保护环境,人人有责""打好蓝天、碧水、净土、青山保卫战"等回答即可(3分)。

第四节 《灯笼》及类文的学法指津

(一)牛刀小试

1.决不任人摆布、禁锢自己、固守现状。

2.句子使用排比、比喻的修辞手法,描绘野菊花恶劣的生存环境,表达了野菊花不屈不挠的毅力,也表现了作者对野菊花的喜爱之情。

3.此题为拓展延伸。学生可以根据自己的积累,很容易想到陶渊明,一谈起陶渊明,自然而然会想到他的名句:"采菊东篱下,悠然见南山。"此时,学生也应注意句子中必须有"菊"。

(二)独闯天涯

1.过年的时候可以郊野试马,充满矜持和欢快;上元节不仅要走动亲戚,还可以遛马;孟春和端阳可以骑马外出看景致。

2.对家乡的热爱。

3.围绕某种动物给你的成长带来什么乐趣,至少运用一种表达方式来写即可。

(三)剑指中考

1.(1)不任人摆布(1分);(2)不禁锢自己(1分);(3)不固守现状(1分)。

2.该句运用了联想(通感)(1分),生动形象地将野菊花泼辣绽放、浓香馥郁的壮观场景渲染到极致(2分),表达了作者对漫山遍野的野菊花的陶醉和喜爱(1分)。

3.衬托(1分)。用山野失绿、大雁南飞、松柏减色、檀竹落魄衬托出了野菊花的不畏严寒(2分),赞扬了野菊花的勇敢和进取精神(2分)。

4.结构上:总结全文(1分);内容上:作者被野菊花的发现自我、表现自我、实现自我的精神所震撼,深化了文章的主题(2分),表达了作者对野菊花的赞美之情(1分)。

5.言之成理即可。例如:我们要学习野菊花那不畏严寒、迎霜傲立的精神,为实现自己的生命价值,不放弃,不媚俗,不低头(5分)。